從石油田到白宮

小布希的崛起之路

詹姆士．海特菲爾德◎著

孟昭玫◎譯

從石油田到白宮 小布希的崛起之路

推薦序 ★★★

二〇〇一年九月十一日美國本土遭到恐怖份子的嚴重攻擊，那是美國歷史上最大的一場悲劇與災難。隨後，小布希展開一連串的軍事報復行動，在全球大張旗鼓遂行反恐怖主義；他不但派兵攻打阿富汗，推翻塔里班政權，更進一步出兵剷剿被美國貼上邪惡軸心國之一的伊拉克，致使海珊政權狼狽垮台，美國藉由反恐在全球進行的戰略行動可說是方興未艾。無論是爲了其安全、經濟、抑或是戰略利益，小布希這一戰，幾乎確立了美國單邊霸權主義的到來，也改變了國際政治的結構。

許多人好奇克紹箕裘的小布希，其諸多政策以及決策方式是否源自於德州牛仔式的風格；他的父親前總統老布希或出身於油商家庭又對他造成什麼影響？在這本從石油田到白宮—小布希的崛起之路的傳記書中，作者或許能提供讀者得到一些答案。尤其此書做了許多相關人士的訪談，並輔以翔實的資料加以佐證，相當具有參考的價值。事實上，大小布希並不是美國歷史上第一對當上總統的父子檔，很久前老小亞當斯就曾分別當上了第二任與第六任的總統。其中約翰亞當斯曾有一席雋永的話最令我動容：我必須研究政治，這樣我的子女或許有機會學習數學和哲學的自由，而他們的子女也才有機會學習繪畫、作詩、音樂、和建築，這也是我從政的動力與企盼。

很多美國人說，布希之所以受歡迎，主要是因爲家族名氣與形象，而非其內涵與建樹。連布希本人也承認「我是個生在二壘，但得靠自己進到三壘的人」。但是看過這本傳記之後，我覺得這位全世界最有權力的總統，絕非一步登天。他就像我們鄰家的小孩一樣，是個頑劣、好奇、有點霸道的小鬼。當妹妹蘿蘋因敗血症遠赴康州接受放射治療，母親芭芭拉有好長一段時都在醫院照顧女兒，而老布希又不常在家，他的鄰居兼保母便不止一次接到通知到校長室聽訓。老布希聲望日隆，貴爲國會議員、副總統、總統，但他卻不肯託老爸的餘蔭，在哈佛企管研究所畢業後，沒有按照他老爸的規劃及家族的傳統，到華爾街任職，卻獨自背著行囊到西部德州去闖天下。

但是，在他老爸要參選總統的時候，這位布希家的長子又回到了父親身邊，擔任智囊的角色，他參與決策，學習了使用「手段」，例如當老布希在選情落後其他競爭者時，他建議幕僚「去找本陰險耍詐的書來讀」。當老布希以寬厚、婦人之仁對待不稱職的部屬時，他卻能以快刀斬亂麻之勢，幫助老爸解決了難題。這是一本適合青少年朋友閱讀的傳記，當然，更適合有意從政者參考，大都會文化事業公司有意出版中文本，並讓我先睹爲快，故樂爲之序。

二〇〇〇年總統大選是美國有史以來最激烈的一場選戰，共和黨小布希最終險勝民主黨艾爾．高爾，成為美國第四十三任總統，也是繼老小亞當斯後的第二對父子檔總統。小布希能獲得世界首強美國人民的青睞，必有其成功過人之處，本書即是在詳述小布希一路崛起的過程，從顯赫的家世祖父普列斯考特．布希擔任美國參議員，父親喬治．赫伯特．沃克．布希擔任美國第四十一任總統，到安多佛與耶魯等長春藤名校的求學，到油田豐富的西德州小試身手，到德州政治選舉中嚐過輸贏並連任州長，最後成功入主白宮，書中詳盡說明成就大位的各項主客觀因素。而一項有趣的發現，小布希幕僚群事後列舉勝選的六大原因，其中一點是小布希重視改革華盛頓的政治文化，全體美國國民也急於結束政府的停工和黨派的鬥嘴，這對照於台灣政黨惡鬥造成政務停擺、投資銳減，人民一片厭惡之聲，是否有似曾相似之處呢？

本書告訴我們小布希的人和及聲望是勝選的關鍵因素，因總統大位是必須獲得多數人民的喜好與支持，短視的惡鬥或許可以獲得短暫的政黨及個人利益，但卻難得到多數人民的長期認可，唯有建立個人風格與正面競爭形象，才是政治人物建立聲望謀取大位的首要條件。而這是否能給國內有意角逐總統寶座者有所啓示呢？

出版緣起 ★★★

二〇〇〇年總統大選是美國有史以來競爭最激烈的一場選戰，而我們永遠不會知道誰是眞正的贏家，因爲並非所有選票都開出了。

從一般投票的角度來看，艾爾．高爾(Al Gore)是贏家，但美國最高法院提早停止佛羅里達州計票的這項判定最後將布希(George W. Bush)送進白宮，成爲美國第四十三任總統。

多虧了美國最高法院，布希至少到二〇〇四年，甚至二〇〇八年，都將是舉世最有權力與影響力的政治人物。以如此有限的委任，以及二〇〇一年九一一恐怖事件的覺醒，關於此人我們該問的問題很多，包括：

他的背景眞相爲何？

他如何爬到今天這個位置？

他有經驗領導這個世界唯一超級強國嗎？

他是不負衆望、深藏不露的有才之士，或只是個含糊其辭的投機者呢？

他眞曉得自己在做什麼嗎？

我們需要這些問題的答案，因爲布希正帶領世界走向一場前所未見的戰爭，一場有人說可能會持續五十年之久的反恐之戰。他以前美國總統長子之尊帶領我們進入一場在中東地區的戰役，但賭注實在下的太大了。

由詹姆士．海特菲爾德(James Hatfield)所撰寫的《從石油田到白宮—小布希的崛起之路》（Fortunate Son）一書，比任何一本布希傳記更能解答上述這些問題。

倫敦Vision出版公司，二〇〇二年

自序★★★

當一個人僭取了大眾的信任時，他應將自己視為公共財。

——湯瑪斯．傑佛遜(Thomas Jefferson)

我多次試圖為此書訪問布希。一九九八年初秋，不只寫信給他長期以來的傳訊總監凱倫．胡施(Karen Hughes)，也寄電子郵件給州長，每封信裡都提議於任何他方便之時地會面，若他行程繁忙也可選擇由我傳真或發電子郵件請他書面答覆我的種種問題。幾度嘗試無著後，我收到胡施女士在德州州長用箋上所做的以下一段粗率答覆：

海特菲爾德先生您好：

謹代表布希州長感謝您的專訪請求。但不巧，他因為有著許多人情方面的應酬而抽不出空來接受採訪。他還在忙著德州事務，並為即將到來的議院會期做準備。我們感謝您的諒解與您對州長的興趣。

傳訊總監凱倫．胡施上

很遺憾州長婉拒爲本書受訪。爲努力寫一本深度且客觀的傳記，我一直希望讓他有機會回應我訪問過的其他人士的說法，也提供他一個論壇，針對我在此提出的諸多爭議提出說明。

若非數百名布希過去與現在的朋友、大學同學、政商同事、員工、熟人，乃至家族成員鼎力貢獻時間、所知與經驗，本書將無法完成。無論他們具名或匿名，我都至爲感激。

由於布希透過極大的權力，尤其在德州，且以積極舌戰那些冒犯他的人著稱，寫他的傳記本身即是一道難題。布希生平故事中的一些人物是在本書保證不暴露身分的情況下才同意受訪的。然而不是每個人（尤其是政治人物）願拿自己的職業生涯做賭注或損害雙方關係。他們提供的資訊常重要到足以不顧此一限制來使用，是而造成本傳記中時有匿名引述。然而若非我另外從他人或文件中證實其正確性，我絕不使用這些訪談中的資料。例如，在德州州長勝選後他在飯店套房中的主臥室打電話給父母的描述中，我採用老布希認識的競選助理與友人的說法，他們向作者提供大同小異的電話內容，爲通往州長不曾公開的私人世界開啓了一扇門。

此外我查過，也引述我於八、九〇年代早期還是幾家德州報刊的自由記者兼長期撰述時與布希、他的家人、同事及其他人所進行的未發表過的訪談資料。其他研究過布希與其家人的德州新聞記者也秉持同業之誼，慷慨分享見解、成冊筆記、交涉記錄、建議與資料。我最是感激他們。

圖書館員、館長與檔案員對此計畫貢獻良多，我也永遠感激德州奧斯汀的德州文獻室；德州米德蘭的珀米安盆地石油博物館；米德蘭郡歷史博物館；德州室，休士頓公立博物館；瑪莉．芬曲，德州大學站的布希總統博物館檔案員；《休士頓編年史》（Houston Chronicle's）檔案部職員偉絲．甘柏；也特別感謝《米德蘭記者-電訊》（Midland Reporter-Telegram）圖書館員黛安．金；德州大學奧斯汀分校；美國歷史中心；德州休士頓的德州歷史學會；萊斯大學伍德森研究中心的公務檔案室；德州米德蘭的海利博物館與歷史中心；耶魯與哈佛大學博物館；康乃迪克大學史多爾士分校；保齡格林州立大學文獻收藏中心；奧斯汀尤基尼的巴克德州歷史中心；哥倫比亞口述歷史研究室；柯帝斯．威爾卡特，《米德蘭記者-電訊》攝影編輯；雷吉娜．格林威爾，詹森總統圖書館檔案員；華盛頓特區的國會圖書館；約翰．柏德，《德州月刊》（Texas Monthly）檔案員；華盛頓特區的傑夫．克洛能，《共同目標》（Common Cause）；布希二〇〇二年網路電子郵寄名單，政治作家派翠克．魯佛尼與退伍軍人新罕布夏政治人物大衛·考奔的合資企業，它收集了關於布希的最新文章、民調數字、州長白宮夢的秘辛。

大量的研究功夫對任一本精彩傳記而言都是必要的，本書尤能證明。我特別感謝艾德與朱帝絲·艾蔻斯運用德州人脈幫我挖到許多珍貴資料。

爲盡量徹底研究我的寫作對象，我從閱讀每樣關於布希及其家族的資料開始，這是一件研究其數代政治香火的浩大工程。內人南西是我廉價的研究助理，辛苦收集堆積如山的報章雜誌，複印、歸檔並前後參照從網站列印的資料、電視訪問抄本。我無法表達謝忱於萬一。

大家都幫了我。有時只是一則資訊或點子，但泰半讓我知道他們會在我需要他們時幫我一把。《從石油田到白宮》引起軒然大波後，幾位特別人士——其中多位素昧平生——用盡法子提供協助與支持。爲什麼？因爲堅持維護憲法第一修正案。當本書遭禁並傳遭前出版商燒毀後，他們群情激憤，正是自由國家裡升斗小民面對極權統治時所能做的。

您應知道他們是誰，並且及我對可能曾不慎省略其中任一姓名感到抱歉：《線上新聞》（Online Journal）發行人／編輯貝夫·考納佛與王牌記者琳達·斯達，網站台長大衛・施耐德，西德州的羅勃・葛利加瓦、比爾・懷特、艾密莉・利馬曼、凱薩琳・南、派翠西亞・康雷、葛蘭達・雷利夫、喬伊斯・海士、賽勒斯特・海利森・懷特婁、卡洛爾・拉森、溫蒂・E・賓尼、馬克泰勒、瑪莉亞・庫克、貝佛利、伊凡斯・美瑟、泰瑞沙・衛爾比、琳達・侯拉克、耐德・閏侯德、傑佛瑞・勒凡、茱麗葉、比爾・普雷斯坦貝克，當然還有在感恩節期間幾乎不眠不休完成索引的琳達・貝爾徹。

有一群新聞記者的客觀報導雖嚴厲，卻公平公正：《班頓郡每日記錄》（Benton County Daily Record）的東亞・麥克凱佛；《Drudge報導》的麥特・爪居；《線上投票》（Evote.com）的比爾・拉佛墨；《新聞日》（Newsday）的哈維・金斯保；《華爾街日報》（Wall Street Journal）的麥可・模里森；《紐約時報》（The New York Times）的法蘭克・布魯尼與珍妮・琳・貝德；《時代》（Times）的潔西卡・瑞弗斯。尤其感謝在風雨飄搖時鼎力支持的友人，憂心忡忡的他們就像荒漠甘泉般可貴：作家露比・金・詹森；身體力行德州慷慨好客之風的湯米與蘇・以薩克不吝付出無條件的愛與家人般的扶持；長期友人也是臨時保母的蘇珊・布萊德修對於更清晰正確的內容功不可沒；超時工作卻廉價的「出版夥伴」克利斯・思文；網路大師暨深夜酒友布魯斯·葛柏；蘭帝·廣帝提筆打氣；傑米·艾克萊斯登爲在驚濤駭浪的漆黑海面奮戰的小船提供避風港；最後謝謝馬克博士與凱蒂·路柏特思持續拔刀相助。

而我最誠摯的感謝要獻給我曾在小岩城的羅絲法律公司與希拉蕊共事多年的私人律師，阿肯色州費耶特威爾的克雷格·瓊斯。還要獻給已故的文思·佛思特及其他人士。一九九九年十月本書出版後召回，克雷格緊急取消渡假。克雷格不只是律師與朋友，他是沼地樹芽裡的紅杉，其妻蘇亦具相同特質。他們倆是眞正獨特的靈魂，對本書本乎或超乎職責的關照應列入金氏世界記錄；我敬仰的文學經紀人理查·柯帝斯，是野蠻世上最後一位君子，在我積分板成績落後時替補最後役程，在僅餘數秒內完成任務。

不像其前愛將羅拉·塔克悖棄我，理查永不放棄。當然，最後一聲謝謝要獻給軟顱出版公司（Soft Skull Press），炫目的不凡賭徒山德·希克斯，他自稱「出版界的菜鳥」。一路上我們有歧見，但我感謝他看到《從石油田到白宮》的潛力，將之從歷史的灰燼中搶救出來。

另一些人也該挑出來恭賀，因爲他們確定《從石油田到白宮》在亞馬遜網路書店的暢銷書榜單中從前一百躍升爲第八名，《紐約時報》精裝非小說類暢銷書的第三十名——都在本書出版後的極短時間內：聖馬丁出版公司律師大衛・凱耶；該公司貿易部總經理兼發行人莎利・理查森與該公司宣傳總監約翰・墨菲；《會客室》（Salon）的達耶・齡德西與蘇西・帕克；《新聞周刊》（Newsweek）的馬克、豪森保；《德州月刊》的帕美拉・柯洛夫；《聖安東尼奧新聞快遞》（San Antonio Express-News）的布魯斯・大衛森；《班頓郡每日記錄》的葛蘭德・庫克；當然還有《達拉斯早報》（The Dallas Morning News）的彼特・斯洛佛——對世界付出無止盡的媒體關注，數日內完成聖馬丁出版公司人員多年經驗加總仍無法在數週或數月內完成的工作。

最後特別感謝辭世十年、曾不斷提攜並支持我完成作家志願的母親珀爾・瑪莉・海特菲爾德，她告誡我奉行約翰・史坦貝克（John Steinbeck）《憤怒的葡萄》（The Grapes of Wrath）書中那名牧師的信條：「不是沒有罪惡，也不是沒有道德。只有人們的所作所為。都是相同的事。人們所做的事情中某件是好的，某件則否，但那是就人人有權評論而言。」

寫傳記時有要謹記在心的話，尤其是寫政治人物的生平時。

——海特菲爾德寫於，二〇〇一年三月

前言 令人好奇的喬治 ★★★

布希在今天的總統政治上相當罕見：一個即便泰半選民不太了解他或他代表什麼，卻已從政黨寵兒晉升為領導者。

——肯尼斯・瓦虛，《美國新聞與世界報導》

布希州長躋身令人羨慕之職。他不為人了解卻受人喜愛。

——海利・史密斯，藝術與娛樂電視網(A與E)的『傳記』(Biography)的『喬治・W・布希：兒子也崛起』主持人

自一七七〇年代以來，當美國前十三州的拓荒者斷絕對大不列顛與其君王喬治三世的效忠以來，美國已罔顧他們的民主主張而不時嘗試創造以家族譜系爲基礎的政治王朝。美國選民一再假定亞當斯（Adams）、泰伏特（Taft）、羅斯福（Roosevelt）、洛克斐勒（Rockefeller）與甘迺迪（Kennedy）家族的後代——基本上是王位繼承人——應被賦予權力並在遺傳血統上命定要領導他們的國家。

在新千禧年的開端，前總統之子暨佛羅里達州州長胞兄的前德州州長布希似乎

僅因被視爲眞正的政治貴族成員而繼承了白宮。在顯赫的姓氏加分下，靠著其父建立的政治網絡，以及刷新記錄的數百萬競選捐助，布希享受了這種他父親慣稱爲「大動力」的推波助瀾。

儘管失業率創下三十年的新低，復甦的景氣已使股市上漲且犯罪率下降，但民意的擁載扶搖直上——就像杜威特．艾森豪（Dwight Eisenhower）在二次大戰中的英雄之姿布希回國以降，受到前所未有歡迎——已使布希成爲最被看好的共和黨先鋒，顯然也是二〇〇〇年大選共和黨最強的候選人。

儘管大多數國民對其人或在政治議題上的立場實在一無所知，但這位前德州州長聲望卻如日中天。縱使在德州，布希創下比當代任一屆該州州長更高的支持度，一九九九年四月的一項民調（**在他連選連任後的五個月進行**）卻顯示他之所以受歡迎主要是因爲名氣與形象，而非內涵與建樹。

受訪的德州人泰半答不出下列問題：

布希州長任內的三大建樹爲何？

您能指出州長於第一任任內在州議會發起的三項計畫名稱嗎？

布希對於社會安全私人化、墮胎權、健保、青少年犯罪的立場爲何？

您能指出他說過的看法中您同意的有哪些嗎？

身為德州居民，布希採行逐日治理德州的方式吸引您之處為何？

您對其經濟、軍事、或外交理念有何了解？

另外也顯示布希的知名度是建立在品牌認同上，而非任何單一建樹。根據新罕布夏共和黨部的一項獨立民調顯示，當他的簡歷代替他的名字出現時，他開始領先。

路透社／路格比在新罕布夏的民調從二方面進行，先是列出姓名的，後是不列姓名的，當使用候選人姓名時，布希遙遙領先，在一九九九年四月底接觸的三〇九位可能的共和黨選民中有百分之三十八點四的支持率，兩倍於以百分之十四點九居次的內閣閣員伊利沙白．杜爾（Elizabeth Dole）。廣受敬重的亞利桑那參議員約翰．麥克肯（John McCain）以百分之八點九排名第三，前副總統丹．奎爾（Dan Quayle）以百分之八點四殿後。

但在移除姓名且做了簡歷後情勢逆轉，布希掉到百分之二十四點一。麥克肯以百分之十九點二攀升第二，因有百分之五點七的誤差，使他與布希形同不分勝負。而杜爾卻以百分之七點七掉到了第五的位子。

「清楚透露出此時許多他的支持者似乎是認同品牌的，且其他候選人有很吸引選民的簡歷。」路格比公司民調總監約翰・路格比（John Zogby）斷言。「布希的優勢是他在新一代領袖群中面孔清新，但在與上一代領袖群的良好關係上只給人一點信心。」共和黨在休士頓的民調專家作出上述說明。並說明最近蓋洛普受歡迎程度民調數字從剛卸任時的百分之五十六回升到百分之七十一且與前美國總統同名同貌顯然不礙事。

然而歷史證明美國選民幾乎總要不時從迷信家族王朝的慘痛教訓中覺醒。前紐約州長尼爾森・洛克斐勒（Nelson Rockefeller）是一九六四與六八年的共和黨總統提名角逐失敗的一個例子，在代表們開始深思他的政見而不是他的出身後，分別敗給了共和黨優秀公職貝利・高德瓦特（Barry Goldwater）與理查・尼克森（Richard Nixon）。

一九八〇年參議員愛德華・甘迺迪（Edward Kennedy）是民主黨寵將，當時該黨已放棄日形疏遠又不適任的總統吉米・卡特（Jimmy Carter）。數月來政治的風向球發現甘迺迪是該黨孚眾望的救世主，但在競選關鍵時他說不清挑戰現任民主黨總統之因，終致提名卡特。所以歷經十五年醞釀之久有望成爲第二位甘迺迪總統，因此就不光彩地被打入了冷宮。

二〇〇〇年總統大選時，許多美國人終於開始問，「布希做了什麼值得共和黨這麼早將他捧上天，這位政治彌賽亞有可能領導其支持者在漂泊荒野八年後重返白宮嗎？」

一九九三年，布希是大聯盟德州遊騎兵棒球隊的總經營合夥人，定居在醉心於令人難以置信的高民調數字，且對一九九四年連任信心滿滿的民主黨安．芮裘仕（Ann Richards）所主政的德州。接著這位幸運之子的總統爲了政治競技場賣掉了球場，投身這項家族事業。

擊敗芮裘仕五年後，選民唯一清楚的是布希的雙親是誰。不只德州人，其餘美國人在他成爲第二代總統後才總算開始深入認識這位較年輕的布希。

神秘色彩不在本尊，而在通往權力的那條路如何經常成爲最抗拒不了的路，布希之例尤能證明。

第1章
打下江山的老爸

「布希在今天的總統政治上相當罕見：一個即便泰半選民不太了解他或他代表什麼，卻已從政黨寵兒晉升爲領導者。」

肯尼斯．瓦盧，《美國新聞與世界報導》

第一章 打下江山的老爸

兒子的生平不可完全自外於父親的生平。約翰．昆西．亞當斯．正如山謬．伊利特．模里森形容的『青出於藍而更勝於藍』，而儘管有政治上的尷尬，但他對乃父的窩心摯愛，以及後者對愛子的持續忠誠，在在為冷峻的存在提供了一絲溫暖。

——約翰．F．甘迺迪(John F. Kennedy)《勇者的畫像》(Profiles in Courage)

世家大族 ★★★

雖然每當討論他的顯赫身世時，布希總感不自在，但他可追溯到十四紀的族譜使他成爲女王伊利沙白二世的第十四位表弟，也是全英國王室的親戚。自稱德州產物的布希喜歡略過族譜上的這些皇親國戚，但從不諱於誇耀他過去二世紀的美國嫡親，包括母系的第十四任總統富蘭克林．皮爾斯（Franklin Pierce）；祖父爲美國參議員普列斯考特．布希（Prescott Bush）；當然還有其父美國第四十一任總統喬治．赫伯特．沃克．布希（George Herbert Walker Bush）。布希克紹箕裘：畢業自安多佛

(Andover)與耶魯東部的長春藤名校；到油田豐富的西德州小試身手；在德州政治選舉中嘗過輸贏；最後成功入主白宮。

布希於二〇〇一年一月二十日宣誓就任美國總統後，父子二人加入了老小亞當斯的行列，成爲美國政治史上少數的父子檔總統。

而且像小亞當斯一樣，小布希不可自外於其父生平的故事也會被忠實記上一筆。

南太平洋的故事★★★

一九四五年一月六日，在中上階層居住的紐約市萊郊區的第一普萊斯比特倫教堂，穿戴婆婆長袖白緞婚紗的芭芭拉．皮爾斯（Barbara Pierce）與身著海軍水兵服的戰爭英雄布希完婚。雖在婚禮前曾試以媽媽的粉餅遮蓋，但在親友口中綽號「老爹」的布希還是很炫耀額上的傷痕，一道四個月前在轟炸行動中留下的「戰果」。

布希的「古魯曼TBF復仇者」飛機（**他命名爲芭芭拉**），在二次大戰的太平洋戰區父島（Chichi Jima）無線電發射塔任務遭到日軍所摧毀。「突然一陣搖晃，好像機腹被擊中一大拳般，」布希在他一九八七年競選自傳《向前看》（Looking Forward）中寫道。「煙灌進了駕駛艙，我看見火焰穿過機翼摺縫，擠進油料箱。我跟著俯衝，被導航到標的物之上，投下四枚五百磅炸彈，然後飛向海面。一到海上，我將飛機成水平飛行狀態，並要戴樂尼與懷特（分任飛行中隊砲官與無線電砲手）跳傘，我將飛機右轉，以避免戴樂尼在門邊位置被沖走。」

在布希的描述中，沒再提及他倆，直到這位轟炸機駕駛自個兒安全跳傘降落在南太平洋，將救生筏充氣後才開始尋找他的兩位機員。布希寫道當他被潛水艇「脊鰭鯨號」船艦救起後，「才知他倆無一人生還。一人隨機墜落；另一人雖然跳出，但降落傘無法張開」。

一九四四年九月二日的父島上空究竟發生了什麼頗有爭議。在這位總統候選人一九八〇年授權的傳記中，作者尼可樂斯．金（Nicholas King）對此一事故提過粗略的敘述，但說到「布希自己的降落傘無法適時張開」，落水時，一時之間在機尾纏繞著。耐人尋味的是，金對布希跳傘逃出時受傷之事隻字未提：當他撞到機尾時，留下前額的傷疤。

不過，獲獎的史學家暨傳記作者赫伯特．S．帕美特（Hebert S. Parmet）在一九九七年出版了根據訪談前總統和閱讀其私人文件及日記寫成的《喬治．布希：一位德州洋基人的生平》（George Bush: The Life of a Lone Star Yankee），書中曾描述布希如何「提早跳下並拉開傘索」，他的頭撞到飛機後部的水平尾翼，且降落傘因中途纏住機尾而裂開。

矛盾的是，在《復仇者的飛行》（Flight of the Avenger）這本布希請人捉刀宣揚戰績的書中，喬．漢姆士（Joe Hyams）寫道在跳出這架位於約三千呎高空且充滿烈焰的飛機後，這位轟炸機飛行員的「降落傘打開了」，「然後安全降落水面」。

漢姆士一九九一年的描述是由布希的政治助理在一九八八年八月《紐約郵報》（New York Post）刊出唯一自稱曾目睹布希的飛機被擊中並見它猛然落水的人士雀斯特．米爾茲朱斯基（Chester Mierzejewski）的專訪後，試圖將殺傷力減到最小之作。米某（**編按：米爾茲朱斯基**）當時是中隊指揮官道格拉斯．梅爾文（Douglas Melvin）所駕駛的飛機的後砲塔砲手，因而對此次事故具有最佳的觀察位置，他對於布希倉惶跳傘逃命而不試圖降落水面提出嚴重的質疑。梅爾文的飛機正好飛在布希飛機之前，米某可以清楚目擊自己飛機之後正發生的事。他一再陳述他的飛機在事故當時飛在布希飛機之上約一百呎之處，近到能看到駕駛艙中布希的臉。一九八八年總統競選期間布希對該事說成戰績後，他被此一不實的說辭給惹惱了，這位六十八歲的退休機員決定寫信給這位副總統，告訴他雙方回憶截然不同。一直得不到回音後，他選擇打破四十四年的沉默，將故事告訴《紐約郵報》的記者。「那傢伙沒說實話，」他推翻了布希公開說「復仇者」眞有著火的說法。「要是他們當時活著，我想他應已救了那些生命。我不知道他們當時活著，但至少要是他曾試圖降落水面的話，他們就有救了。」（**「復仇者雷擊轟炸機」出廠設計爲可在水面漂浮約二分鐘之久，以便機員在它逐漸下沉時有時間將救生筏充氣並划離飛機。**）

當報刊記者就誰最可能觀察到該機最後數分鐘狀況一事，詢問布希飛行中隊的前執行官樂蓋爾．侯爾（Legare Hole）時，他答稱「梅爾文飛機中的砲手可能有較佳的視野。若飛機著火，他有絕佳機會看到。飛行員無法看到砲手看到的每件事物，因此他會躲過一場噩運。」

當時出父島任務的砲手勞倫斯．穆勒（Lawrence Mueller）也保存了他自己的一本日誌，他在其中註明每趟任務後該中隊會在「聖．傑森多號」船艦的待命室內做簡報。穆勒告訴郵報說，「當飛機墜落時，除看到布希的降落傘外，沒見到其他的降落傘」，還說在該船的待命室內做簡報時沒有人提過布希的「復仇者」著火。穆勒說，「如有聽到我一定會記在我的日誌中。」

當米某說他目睹「一陣煙」從飛機內冒出，然後迅速消散。這位曾獲勳章的二次

大戰退伍軍人斷言後來沒再見到煙了，說布希的「復仇者」「不曾著火」，且「當他打開座艙罩跳傘時，沒有煙從駕駛艙冒出」。只有一個人逃出「芭芭拉」，那就是飛行員自己。米某聲明：「我當時希望能看到其他的降落傘，但我不曾看到。我看到飛機墜落。我知道弟兄們還在裡面。那是一種無助感。」

據說，在布希獲救後數日被「脊鰭鯨號」救起的另一飛行員湯瑪斯．肯訥（Thomas R. Kenne）聽說這位日後的總統說「復仇者」著火時很驚訝。「他那樣說？」對布希而言，「該事故是悲傷之源」，前國會議員布希知交湯瑪斯．艾胥黎（Thomas W. L.Ashley）表示。在海上獲救後，布希寫信給父母，坦言：「現在我爲他們的死深感內咎，昨晚輾轉反側。腦子裡不斷重複整個過程。我的心爲那兩位男孩的家人而痛。」

布希後來寫信給死於該空難的兩位機員的親人。他收到戴樂尼的一位姊妹的回信，部分內容是：「你信中提及願意以某種方式幫助我。有一個法子，那就是別再以爲你該爲此事負責。若非我兄弟總誇你是中隊裡的最佳飛行員的話，我可能會認爲你該負責。」

美國海軍決定爲完成轟炸任務而頒贈傑出飛行十字勳章給布希。布希因將對日再戰而將婚期從一九四四年十二月十七日延到隔年一月六日。大部分的招待都是「隨手抓來的」，因爲衆人都去打仗了。這對新人在喬治亞州長島（Long Island）的蜜月因布希參加特別戰鬥訓練而縮短，該訓練係準備讓他參加聯軍預定年底對日的突襲。隨後八個月，布希新的雷擊飛行中隊「VT-153」成軍，這對新婚夫妻隨即陸續遷移到在佛羅里達、密西根、緬因與維吉尼亞的軍事基地。

一九四五年八月十四日杜魯門（Truman）總統從收音機上宣布日本無條件投降，當時他們住維吉尼亞海灘（Virginia Beach），而布希駐紮在大洋州海軍航空站。當全美在街上慶祝時，芭芭拉尤感慶幸，因爲夫婿不會爲襲日計畫而「出海」了。連續數月不安的日子中，她不斷祈禱上帝能在她失去丈夫前終止戰爭。在維吉尼亞海灘街上加入其他年輕夫妻的慶祝後，布希夫婦上教堂感恩。

一家三口★★★

終戰後一個月，二度受勳的布希退伍，這對年輕夫妻迫不及待遷居到康州的紐海文（New Heaven），他在爲退伍軍人提供的一項特別計畫支持下就讀耶魯大學（**其父與親戚的母校**），兩年半即可畢業。那年有五千至八千名新生入學，是耶魯歷來新鮮人最多的一屆——盡是解甲歸田的人，學費依照爲退伍軍人制定的專門法案規定由政府支付。

布希夫婦住在福音街的一棟小公寓，這是他們在耶魯學區住過的衆多遷移的住處之一。若非懷孕了，習慣搬遷的芭芭拉是不會介意打包與拆箱的。房東「喜歡狗兒，卻不喜歡嬰兒」，所以他們搬到愛德華街的一棟公寓，在那裡長子於嬰兒潮首年一九四六年七月六日誕生。

「孩子一直生不下來，」芭芭拉在回憶錄中回憶。「婆婆最後給我一帖海狸油，寶寶——請容我說渾身『榮光』，就呱呱落地了。」

這個年輕的三口之家在愛德華街上勉強湊和的公寓很快就不夠住了。長子出生後數月，他們第三次搬遷，也是最後的紐海文寓所。布希夫婦的新居曾被分做十三間單戶，當做九位已婚學生與十一名子女的住所。布希與另外兩對夫妻及家眷共用一樓，但他們認爲能有三間小房間和自己的浴室已算幸運。

要布希在大雜院的環境中求學著實困難，但到一九四八年畢業時他已獲選爲優秀大學學生協會會員（**一項與學業成績有關的傳統殊榮**），身兼耶魯棒球隊長，又在橄欖球校隊打球，且是炬光社與神秘的「骷髏會」成員，還以「全能學生領袖才華」獲得高登・布朗（Gordon Brown）獎。雖然他曾應試數家公司，但布希告訴芭芭拉他決定不上充滿未知數的班；他想要一個能看到並感覺到的實物」，芭芭拉則解讀爲他不想像其父或外公這些當時全美最大私人錢莊華爾街「布朗兄弟哈利曼公司」股東一樣從事投資理財。

讀罷路易斯・布朗菲爾德（Louis Bromfield）的《農莊》（The Farm）後，布希考慮舉家遷往中西部過農莊生活，但發現投資成本嚇人。「若我當眞相信有穩固的商業前景可期，我會毫不遲疑去找爹的。」布希在競選自傳中寫著。「我們的農莊計畫是因高風險、無利可圖而未獲實現。」

高大尊貴、剛毅且威風凜凜的普列斯考特對子女，尤其是對兒子而言簡直是「可怕的挑戰」。他是個要求他們吃飯時要穿西裝、打領帶出席的氣派跋扈之人。長孫布希猶記祖父是「一個老穿西裝、打領帶用餐的人」。一位新聞記者寫他是「巨獸般的人父，布希從不打從他身旁出去」，尤其在大學畢業選擇職涯時。

大部分已出版的布希側記將他此階段生活形容爲一個極獨立的年輕人，本可運用乃父名氣與家族人脈登上華爾街頂峰，卻爲新拓荒選擇在西德州油田的石油投機份子、雜工、老粗中打拼，並擺脫父蔭的成功人士。他曾於專訪中自剖，「若我是心理分析家，可能會總結說自己當時是不與家父競爭，而想自立做此事情。」

然而普列斯考特卻在德州奧德瑟（Odessa）石油新興都市爲愛子買下畢業後的首份工作，當時年輕布希受聘於首屈一指的鑽頭與相關油井設備廠商「綴瑟工業」（Dresser Industry）的子公司「國際德瑞克（Derrick）裝備公司」（Ideco），當裝備人員。

一九二八年開始，綴瑟對於布希家族變得日漸重要，當時董事決議藉公開發行股票募集新資擴張該家族之企業。普列斯考特的錢莊出資四百萬元買下其股票，再對公司出售股票。然後正如普列斯考特日後回憶的，理財公司於一九二九年再融資綴瑟，「如此我們有實質的控制權。」

這家油井設備公司重組後，普某與E．隆納德（「邦尼」）．海利曼（E. Roland【Bunny】Harriman）入主董事會，後推薦H．尼爾．馬龍（H. Neil Mallon）這位與俄亥俄州泰伏特家族關係匪淺的耶魯同學，成爲綴瑟工業的總裁暨董事長。

「從一認識喬治起即聽過尼爾叔叔的故事，」芭芭拉在回憶錄中寫道。「他與公公個性大相逕庭，但兩人在其專業上都極成功，而且感情最好。」

每個家庭都應該有位『尼爾叔叔』。

有了馬龍出掌綴瑟，此一擁有十六家配合能源與自然資源業應運而生的設備連鎖店的公司，在一九四八年順利成為這個戰後對石化材料需求殷切、國防工業裡的攜帶式機具製造商。當馬龍提供該職給布希時，他立即接受了，日後承認是「被尋找石油的浪漫與冒險吸引」。

石油新興之城★★★

芭芭拉起初不放心帶個嬰孩（小名「喬吉」）搬到常令人不禁想起秋風滾草、黃沙漫天、火傘高張，乃至寒冬刺骨的西德州荒原。「我當時不想去，」她後來坦言注意到班機自東岸飛了十二小時。「但我抵達一天後就認為那地方真令人振奮。」

其夫在奧德瑟的第一份工作是在綴瑟工業上班，該地是個位於珀米安盆地（Permian Basin）上的藍領小鎮，二次大戰後數年間呈現出石油業的榮景。一九四八年的奧德瑟大部分人口是從事遍布附近鄉野的鑽油設備、鐵塔、慢速且抽個不停的起重機作業的油田工人。

夫婦倆只在此艱苦混亂的荒原小鎮住了數月。馬龍想讓愛將把石油設備事業從頭學起，一九四九年調他到加州諸城，綴瑟工業在那有子公司。

不到一年，一家人從杭丁頓公園（Huntington Park）搬到貝克斯田（Bakersfield），再到懷蒂爾（Whittier），凡杜拉（Ventura）與亢普頓（Compton），一九四九年十二月芭芭拉在那兒生下長女。金髮藍眼的寶琳娜．羅蘋森．布希（Pauline Robinson Bush），又喚羅蘋，是以兩個月前在車禍中過世的岳母之名起名的。

羅蘋出生未幾，在綴瑟工業的轉調下，布希一家回到西德州，但這次是到在奧德瑟西北二十哩的米德蘭（Midland）這個白領階層較多的小鎮，任艾德科（Ideco）子公司的市區銷售員，拜訪總部大多不在該鎮的石油公司。「加州不錯，」布希後來在自傳中寫到，「但石油看好在德州的前景。而米德蘭這個珀米安盆地的中心，則已發展成它們之中最大的石油新興城鎮。」

一八八〇年，德州太平洋鐵路開始鋪設起自沃斯堡（Fort Worth）的西向軌道，大約同時南太平洋也開始建造起自艾爾．帕叟（El Paso）的東向鐵路。兩條鐵道交會處即米德威（Midway），後來得知另一德州城鎮同名才改名爲米德蘭。第一次世界大戰前，米德蘭是個服務週遭牧場社群的繁榮鐵路小鎮。但在一九二三年五月二十七日米德蘭的未來隨著貧瘠地下的石油之採得而脫胎換骨。清晨六點，在米德蘭東南八十哩的試掘井中最著名的聖塔利達號開工了。繼起的數十年間石油活動西進，大石油公司的總部也西進。

「石油經證實是德州經濟的巨大加乘器，」當地文史工作者美尼格（D. W. Meinig）寫道，當石油成為該州吸引資金的磁力，尤其是珀米安盆地，創造了新貴，形成「一個特殊社群，人、經濟、社會的關聯性都遠高於其他不產石油的舊城鎮。」

後來布希在書中指出，平原上有許多新銀行與高樓林立後，米德蘭堪稱「西部雅皮之境」。新百萬富翁在依照哈佛、普林斯頓與耶魯等長春藤名校命名的新鋪街道上起造大廈。他們喝下午馬丁尼，在石油俱樂部消磨夜晚時光。其中不乏有辦法為各石油交易從東部向貴族募得財富的人。米德蘭在地人稱這類人士為「耶魯人」。

「當石油業的魚群聚集到奧德瑟耕耘油田時，士、校官與將軍也來到了米德蘭，」H．G．彼辛格（H. G. Bissinger）在他一本關於西德州文化的《小周末晚的燈火》（Friday Night Lights）書中寫道，「他們是有著拓荒精神，多年來奉承東部資本家爹地後變得牙堅嘴利的一群人。」

一抵達鎮上，布希夫婦在大街上租了間汽車旅館的房間，諷刺的是旅館名為「喬治之宮」，他們一直住到買下蓋在西德州鎮上的第一批大眾住宅社區為止。向聯邦住房管理局貸款購得的這間房子除顏色外皆與附近其他間一式。爲彌補設計制式之憾，建商將每戶個別粉刷不同的活潑顏色。最後人們稱該社區爲彩蛋社區。布希的家是藍的。

布希一家輕鬆住進去了，無異於當時生活方式：輪流在後院辦燒烤、看管彼此的孩子、在布希夫妻講課的第一長老教會做完禮拜後玩起橄欖球、壘球。

「我們都有同樣處境，」芭芭拉回憶。「來自全國且無任何在地親族的新到者。我們建立眞正不錯的友誼。」

這就是少年喬治（**現在爲圖方便即使不十分正確也稱其小布希**）在五〇年代有如孤島般的米德蘭成長環境。

婦女鎭日照料兒女、搭計程車帶去看病、看牙醫、參加生日派對、看棒賽等，而他們不屈不撓的丈夫則在許多石油相關產業中長工時的工作著。布希家也不例外。

「我就是感到與母親有一份特殊的情感，」布希談起芭芭拉，在其父往往上班十二小時、銷售鑽頭時，「母親養育我成長。她是教養我們的最前線。她是中士。老爸比較是目標與理想的制定者，亦即終極執行者。但母親是即時執行者。」

日後芭芭拉在一九八八年的共和黨黨員大會上不屑她的家庭教官角色：「猶記有天電告喬治，我說，『我投降了，眞不知如何是好。你兒子又闖禍了。他把球打進鄰居樓上窗戶裡了。』喬治說，『哎呀，打得好！』又說，『你把球拿回來了嗎？』」

米德蘭鄰居記得這個綽號「布希偵探」的過動、早熟男孩，視他爲又一個騎單車閒逛、打棒球、小周末晚聲援米德蘭牛頭狗橄欖球隊、周末午後在戲院看西部片、帶一票朋友「探險」的麻煩小鬼。

「我們在中學看台下爬行，爬到欄杆處時起身，」兒時玩伴回憶。「我們總像猴子般在那兒吊單槓。要是有誰失手是會摔死的。該死！有一層半樓高。看台四周有燈桿。我們也爬那些東西。」

「我們總在放學後的休息時間玩耍，」麥克．普拉克特（Mike Proctor）說。「我們前往適合的球場分組比賽，」他補充說這位日後的美國總統會「自告奮勇當隊長」。

天之涯 ★★★

一九五〇年年底，布希離開綴瑟工業，與他的彩蛋社區鄰居約翰．歐佛比（John Overbey）一起創業。「來自東部的人與來自德州或奧克拉荷馬的人有兩件事相同，」歐佛比回憶。「他們都有機會成爲股票掮客或投資銀行家，且都想轉行搞好石油業。」

歐佛比住在珀米安盆地，身爲石油業土地商人的他是個試圖找出石油藏身之處的獨立經營者。有時根據走漏的地質情報，有時觀察大石油公司在同一地點鑽探後，這名土地商人會尋找土地，想辦法使地主在租約上出讓礦權。盤算靠買賣租約就能賺得在西德州大草原上開採石油的成本。後院幾杯馬丁尼下肚後，布希提議若歐佛比能合夥，他就回東部籌措資金。

二人飛往紐約會見舅舅喬治．赫伯特．沃客（George Herbert Walker），地點在華爾街「沃克與夥伴」公司的橡木會議室。歐佛比說，猶記與喬治、赫比舅舅令人眼花撩亂的籌金旋風之旅：午餐在紐約二十一世紀俱樂部，周末在肯納邦克港的「亞特蘭大沃克天地」外舒服地泡澡，末了服務生會伺候裹上大毛巾，並奉上一杯馬丁尼。

回東部的結果是籌到三十五萬的資金，以及布希，歐佛比石油開發公司的成立。比錢更重要的是綴瑟工業總裁馬龍的忠告，他擬定藍圖，「不光是爲如何成立，也爲如何融資一家獨資石油公司意外上了一課。」

一九五三年，這兩位合夥人與海灣石油律師之子石油業律師利特克（J. Hugh Liedtke）及其弟聯手，兄弟倆看中大規模鑽油比寫訴狀和上法院有錢途。

新公司取名爲拉帕塔石油公司，靈感來自米德蘭戲院放映的一部馬龍白蘭度主演關於墨西哥革命的電影【拉帕塔萬歲】，該等企業家後來說此片吸引人之處在於拉帕塔（Zapata）這位一九〇〇年代早期的土改反叛軍領袖算是愛國者或土匪的迷思。「我們請不起公關顧問，」布希坦言，「要是有請的話，一定會告訴我們這正是我們要找的公司形象。」

雖然一位米德蘭觀察家向記者眼紅道：「獨立油商布希，若非乘坐絲質魔氈，他可能只是一名投機者」，但當年米德蘭某烤肉店店東卻對布希與其他被珀米安盆地和其商機吸引而來的東部名校富家子印象不錯：「當時鎮上來了一群長春藤名校畢業生，」他說。「他們都很勤奮積極、胸懷大志。那些洋基男孩與衆不同。我記得處理大型石油機具、在倉庫工作、每每一身髒汗來到店裡的布希。」

只要一聽到有人抱怨其父倚仗家族名聲與在東岸的事業及人脈發跡，布希總會明顯不悅，他有回說：「家父在四〇年代末到德州時對石油業一竅不通，但這沒有絆倒他。他懂得如何從基層幹起，努力換得成功。我在米德蘭時看到標語上寫著『天之涯』，那對人人都有意義，不光是少數人。」

乃父之眸，乃母之口★★★

那些年布希幾乎都離家在外，不是與合夥人在油田工作，就是在該州出差找訂單。利特克回憶在米德蘭的日子。「婦女很辛苦，」因為丈夫長期在外。「我們會在油井上坐整晚，在油田上待幾天。」他說。布希夫婦從彩蛋社區換到較大房子，一九五三年二月小名傑布（Jeb）的次子約翰·艾利斯·布希（John Ellis Bush）出生。就像當時大多數的米德蘭家庭一樣在擴大中。

雖然芭芭拉有時也會埋怨「成天在家陪這些連一件趣事都可以津津樂道整個星期的鬼靈精」，但她堅信做媽的應在子女成長階段就近照顧。她撫育傑布，陪羅蘋玩，還要坐在塵土飛揚的小聯盟球場擋球網後面，膝上放著記分簿，圖記長子的賽事，他們兒時夢想成為「下一個威利·梅士（Willie Mays）」。

雖然老布希像其他米德蘭的人父一樣常不在家，但周末還會抽空調教小布希的幼獸小聯盟球隊。這位前耶魯棒球隊隊長以球技風靡附近孩童。

布希幼年時深受乃父寵愛，棒球就是向他證明能耐的一個法寶。日後他承認最驕傲的時刻之一就是當老布希不必再在他投球時發號施令的時刻。

老布希說得一口東部腔美語，小布希則在西德州人的口音中長大。個性上較像其母。「我們十分相似，人們都這麼說。」布希現在制式說法是「我遺傳了老爸之眸，老媽之口。」在回憶錄中，芭芭拉稱小布希為全力反擊、自圓其說的兒子。

米德蘭的孩提階段，布希是家族中自作聰明又脾氣暴躁者之一。據芭琪．布希（Bucky Bush）這位保母經常形容他是個好奇、頑劣且有點霸道的小鬼。不只一次芭芭拉在小布希打架、上課搗蛋被罰後被校長請去學校，記得有回這位「班上的小丑」從音樂課上被帶到校長室受罰，因為他在臉上畫了個假鬍鬚惡作劇，就在自鳴得意後挨了板子。

但沒有什麼逞強的方法能讓這男童抵擋一九五三年春的一場傷心事。

家人的死訊

一天早晨，三歲的羅蘋面色蒼白、昏沉沉地告訴其母她那天不知能做什麼。「我可以坐在草坪上看車子，或我可能只躺在床上。」

送虛弱的女兒去小兒科大夫朵洛西．衛薇爾（Dorothy Wyvell）處做血液檢驗後，布希夫婦下午回去看結果。也是友人的醫師在門口噙著淚水見到他倆。

「我永遠忘不掉，」布希說。「我們走進去她第一件事就是抽面紙拭淚。然後說『我有壞消息要告訴你們。』」。衛薇爾說小女孩白血病嚴重，白血球數目是她見過最多的，活不久了。

「接著她給我們換作任何人都會給予的忠告，當然我們沒接受，」芭芭拉記得。「她說：『第一，保密。第二，放棄醫治。你們應帶她回家，給她一個盡可能悠閒的生活，三週後就會離世。』」。

那晚，布希夫婦告訴了街坊。夫婦倆拒絕接受醫師說羅蘋的癌症無法治癒的說法。隔天早上便帶女兒飛往紐約，布希的叔叔是癌症醫師約翰．沃克（John Walker）醫師，時任斯羅安，凱特齡紀念醫院院長，催促他們讓她接受治療，待研究有所突破就能延長生命。

接著七個月中，羅蘋進出醫院。當她稍有起色，他們就在米德蘭住。布希也決定暫且不告訴小布希妹妹將不久人世的消息。「我們不願那麼做，覺得對小傢伙會是沉重的負擔，」芭芭拉在回憶錄中寫道。「另外，因爲白血病患容易大出血，可能會一團亂，所以我們在他們二人相處時都寸步不離。」

不過小布希漸起疑竇，因為父母的友人來訪時都不讓孩子靠近其妹。日後他才知道許多人以為這鮮少人知的病具傳染力，且別人不知如何面對一個將不久於人世的小女孩。

芭芭拉在紐約照料時寸步不離，丈夫非父代母職照顧七歲的小布希與襁褓中的傑布不可。他不能一直不在新成立的拉帕塔石油公司，但周末時他在米德蘭與東岸之間當空中飛人，把孩子託給鄰居。芭芭拉責無旁貸照顧將不久於世的女兒，所以二十八歲便早生華髮。

十月，當老布希趕去紐約時，他那皮膚幾乎變得透明的羸弱女兒開始大出血。院內醫師在芭芭拉同意下決定開刀，但羅蘋沒有活過這場手術。在雙親的陪伴下靜靜離世。

在康州格林威治的追思禮拜後（夫婦將其遺體捐做醫學研究），這對痛失愛女的夫婦趕回米德蘭。他們不想讓小布希從任何人那兒聽得妹妹的死訊。當車開上小學門前那條石子路時，小男孩一眼瞧見熟悉的綠色奧斯模比，他奔向老師，「我爸媽、妹妹回來了。我可以去看他們嗎？」

「猶記望進車內以爲看到羅蘋在後座，」日後年輕布希說。「我認爲看到她了，但她其實不在。」芭芭拉後來坦言夫婦倆「對我們必須告訴他的話感到身心交瘁」。老愛追根究底的他，起初問了幾個問題，但當他獲知他們七個月來一直瞞著他羅蘋患不治之症一事時，開始捶打座椅，嚎啕大哭。

一到家就衝進房間「砰」地鎖上門，把心愛的棒球卡撕毀。直到芭芭拉前來制止。

「一個小男孩是無法理解的。」布希在一場訪談中承認，並表示他知道羅蘋生病，但作夢也想不到她將不久於人世。

「爲什麼不告訴我？」小布希不斷問父母，其母答稱，「噢，那沒有差別。」然而數十年後，談到女兒之死仍心有障礙的小布希母親開始質疑當初不告訴兒子羅蘋將不久於人世的決定。「我不知是對或錯。」她坦言。

老布希在那場難關時常哭，而芭芭拉則鎖在憂傷裡。她說，「他就是不願我的憂傷分開我們，每當有類似不開心的事時都如此。」

她生命裡的另一位喬治也拒絕讓她躲進憂傷裡，不過自己偶爾也偷偷難過。羅蘋死後芭芭拉變得很保護兩子，很少讓他們離開視線範圍。有天下午她無意中聽到小布希告訴死黨，「我今天不能玩了，因爲我必須陪媽媽——她很不快樂。」

「那才開始了我的治療，」她後來在回憶錄中寫著。「我恍然大悟，自己竟是一個七歲男童的重擔。」

但爲妹妹早逝這檔事覺得受欺瞞的小布希也很悲傷。有次他問羅蘋是躺著或站著埋葬的，布希答以不確定且不解。小布希說他剛學到地球自轉之說，想知道她是否有時倒立著。

另一回看球賽時突然說要是他是羅蘋就好了，其父不解，小布希答說：「嗯，她的位子比我們的好！我想從她那裡看球賽比從我們這裡看得清楚。」

日後競選州長連任時，布希夫婦坦言長子「愛親切拍人後背、風趣、偶爾捉弄人的風格」是從七歲養成的，當時妹妹過世，他覺得有責任試著減輕父母的憂傷。

羅蘋死後十五個月，布希夫婦有了三子尼爾・馬龍・布希（Neil Mallon Bush），爲紀念一九四八年將老布希帶到德州的馬龍而起的名。按照岳父之名起名的四子馬文・皮爾斯・布希（Marvin Pierce Bush）則於一九五六年誕生。

「我們需要個女兒，」布希寫信給其母。「我們有過一個——她本可和他人一樣打鬧、哭泣、玩耍並走自己的路。但關於她，有一種柔和……她的祥和使我們感到堅強，因而很重要。」

他們終於在一九五九年八月生下第六個也是最後一個孩子朵樂蒂·沃克·布希(Dorothy Walker Bush)，是以婆婆之名起名的，但她長大後被暱稱「朵蒂」和日後的「朵兒」。「朵樂蒂很迷人，」布希寫信給耶魯同學。「她是狂野黝黑版的羅蘋。她們像極了，所以爸媽上週整個星期都喚她『羅蘋』」。

當家中其他成員明顯疼愛這個新生兒的同時，小布希卻冷冷淡淡的，且據友人與家族成員的說法，是很忌妒這名看來已取代他去世妹妹地位的女嬰。「我眞羞於承認，但她一、二個月大時我的確厭惡她。」布希後來承認。

「親人不再提羅蘋，當時在我眼中人人都寵朵兒，好像是上帝再臨。你必須記得我當時還小，感受與情感上都混淆了，但我想包括家母在內的任何人都不知道當時有一部分的我已和羅蘋一塊兒逝去了，每天一看到這新生女嬰只會一陣提醒我自身已逝去的那部分。」

直布羅陀之岩★★★

布希、利特克合夥的拉帕塔石油公司把企業重心放在德州寇克郡一塊叫做詹姆森油田的原野上，這塊「多砂荒原」上有六口井，多年來不停產製石油。利特克（有作家稱之為「西德州石油神童」）相信這六口井的源頭是地底下一處油池，或許在此鑽上數百口井，都會證實是油井。

在別的投資者踟躕不前之地，拉帕塔石油公司鑽的一三〇口井口口是油井。以每日平均一二五〇桶的產能，該公司的股價從每股七毛，漲到二十三元，持股增值下合夥人全成了百萬富翁。

儘管照德州油業標準並非大富，但在五〇年代末布希顯然還是為家人掙得了經濟保障。這家人再度搬家，住到小布希的幼獸小聯盟棒、橄欖球隊經常練球的麥克考公園（McCall Park）附近的房子。夫婦倆也有了在米德蘭的第一座家庭游泳池。遊遍美國；還在小布希的發起下開始這家人每年整個七月都在德州希爾鄉村（Hill Country）的長角牛渡假營渡假的傳統。布希一家正實現美國夢。

「爸是執行長，媽是營運長，」傑布說：「當我們踰越界線時，她會讓我們曉得，而且那條界線從不更改。」胞兄小布希同意：「老媽一直是個有話直說，並會找情緒出口的人。等到事過境遷，著實清楚自己的定位。她不會惦記在心或做窮追猛打之事。」

「我不認爲布希受其父影響而粗蠻或嘲諷，如有，也一定是在尺度內，」表兄弟約翰．艾利斯（John Ellis）表示小布希的大剌剌承襲自乃母，「芭芭拉會對喬治說『胡說！』一類的話，然後他們就去看賽馬了。」

一九八五年在遇刺的埃及總統安沃．沙達特（Anwar Sadat）遺孀主持的美國大學傑出演說系列中，雖然不時爲顯埋怨之情而加油添料，但芭芭拉還是溫馨描述了她早年在德州的生活：

「對我而言那是一段度日如年卻又年華似水的歲月；尿布、鼻涕、耳朵疼、小聯盟球賽多到難以置信、扁桃腺、掛急診、主日學校與教室、趕幾個鐘頭的家庭作業、繞在脖子上胖嘟嘟的小手臂與黏糊糊的親吻；嘗過不安全感——不多，但有一些——感到此生不會快樂了；還要從覺得布希喜孜孜開了間小公司，還可其樂無比環遊世界的不平衡心理調適過來。」

布希這一家有點女家長制。身爲事業觸角海外擴張的獨立油商，布希比綴瑟工業領薪水的銷售員時代要跑更遠的地方。身爲長子現在又是米德蘭聖．傑森多初中（選上七年級年級代表）青少年的小布希義務扮演「媽媽最好的朋友」兼年幼弟妹們代理父親的角色。

放學或練玩球回家後，他幫她打掃、陪傑布在後院玩球、教馬文游泳，甚至換妹妹的尿布。小布希最先發現尼爾有嚴重的閱讀障礙，直到二年級才跟上。後來檢查證實尼爾患有閱讀困難症。

「當年人們還不清楚閱讀困難症，」布希後來說。「母親辛苦教尼爾，懲罰、訓練、獎勵都用上了。她是真正花時間確認尼爾學會基本閱讀的人。」

「我回首在西德州的那些年，」芭芭拉追憶，「若無長子眞不知會怎樣。他沒有怨嘆過（**不過要是惹惱他的話，他會偷偷叫她「白老狐」**）。我或許在他身上加太多責任了，超過應有的，尤其他那年紀的孩子，」她坦承。「但在他父親老不在的日子裡，我還能求助於誰？他是我的直布羅陀之岩，質樸率眞，故而我們關係特殊。」

第2章 年少輕狂

「當我年少輕狂時，行事也年少輕狂。」

喬治·W·布希

第二章 年少輕狂

當我年少輕狂時，行事也年少輕狂。

——喬治・布希

「結果視開端而定」★★★

老布希與合夥人開採詹姆森油田的好景不常。五十年代中，布希與利氏兄弟認爲美國境內油田榮景告終，應將觸角伸向海外。

一九五九年，利特克日漸不耐布希的赫比舅舅，加上想自立門戶，便與布希家拆夥。

布希現在是自己公司的總裁了，但因米德蘭離德州海岸太遠，他必須將公司遷往離墨西哥灣只有一小時車程的休士頓。

「我永遠忘不了搬家那天，」小布希說，「太震撼了。我是個遷往大都市的鄉下孩子。要學會調適，但很難。不過又有冒險的興奮。」

布希夫婦在休士頓郊區蓋了新房子，有泳池、小棒球場以及可以讓孩子們攀爬的許多樹。兩年後他們將十五歲的小布希從私立名校金凱德轉到麻州以學風嚴格著稱的男校安多佛並讓他寄宿，成爲這所其祖父與父親母校的二年級學生。

該校位於波士頓北方二十哩，是一所權貴子弟就讀的預備學校，其實就是所小耶魯。至今仍定位為「全美最好的」就讀學校之一。校訓是「不為自己」，座右銘是「結果視開端而定」，對於將金錢、兒孫與世世代代政治抱負寄望於此的布希家族再適合不過了。

強調基督教教義並模仿英國公立學校的安多佛更像是所軍校，並本著「良好態度比創造力更重要」的想法，「較願意頒授文憑給創造不出比酥餅切割刀更新奇玩意的同質男生」。

身為德州產物，小布希起初在安多佛感到嚴重的文化衝擊。「在米德蘭同學不會問，『你出身什麼名門？』只問，『你會打棒球嗎？』」

該校非正式的座右銘是「沉淪或力爭上游」，他們將不為優異的學業成績而努力的平庸學生視為一項原罪，而且後頭總有一長串候補申請者。歷史與數學成績很高、英文勉強及格的布希在他往後三年「學會讀書與寫作」。該校的嚴厲改變了他的人生，他曾經承認。「猶記得當時我嘗試各種方法迎頭趕上。高標準提昇了我的程度。」

為了他的第一篇英文作業——一篇關於情感經驗的小品文——布希從他母親以前

給他的一本同義字字典上查「眼淚」這個字，希望能找到一個令人印象深刻的同義字。他寫著，「流淚從我的臉頰上流下來」，沒想到老師打上一個「大鴨蛋」，還說小布希這篇文章是「可恥的」。雖然他後來向朋友吐露深怕被安多佛退學及可能爲自己與家人造成的尷尬，但小布希還是努力的讓自己在學業上做個普通學生。

當身著指定西裝與領帶的安多佛男生出席一場上午七點零五分的早餐會、一場「普遍被痛恨的」早上七點五十分禮拜儀式，並且高喊「努力、努力、努力」時，布希一天的校園生活就此開始。

布希的同學彼得．普菲佛（Peter Pfeifle）回想：「並非很多人樂意待在那兒。氣氛中瀰漫著譏諷與不友善，還有許多奚落人的人。那是一所你在那裡一直被監視、從頭到尾讓自己快樂不起來的學校。」

到在這所私立高中的最後一年爲止，布希已經從他關係良好的家族那裡學會了自立的方法，並結交了新朋友，他們視這位從德州來的前班級小丑，擁有兩項校園中最不可多得天份：運動和「好人」名聲。一張年刊上的照片留下了當年布希和幾個學生試圖擠進電話亭的鏡頭。

同窗也記得他是個「衷心的舞會迷」。哥倫比亞廣播公司電視製作人湯姆．賽樂森（Tom Seligson）記得有一年在勞德戴爾堡（Fort Lauderdale）的春假。「他參加

舞會和任何人一樣勤。我想不起來他有任何沮喪時候的臉。」

「無人不識布希，布希也識得大家，」克雷·強森（Clay Johnson）追憶。「同學就是想和他爲伍……而這就是布希成名前的樣子。」彼得·普菲佛（Peter Pfeifle）同意，形容小布希是「天生領袖暨受歡迎之人」。

這位比較年輕的布希當選了棒球校隊、也是三年級橄欖球與籃球校隊，還被同學選拔爲一個非正式棍球聯盟的「高級行政管理人」（**一個街區棒球隊的裁判**），並依照聲名狼籍的紐約政治領袖湯姆·崔德（Tom Tweed）名字，給他起了個綽號「花呢·布希」（Tweeds Bush，**譯者按：「花呢」指的是住在鄉下、穿花呢布西裝，看起來像上流階級的人。**）

「他會長篇大論列舉關於觀眾可做什麼、球員可穿什麼的規定。」約翰·凱德（John Kidde）說，他是布希至交之一，說布希將晚餐後消遣的接龍制度化了。

退出橄欖球代表隊後，永遠受歡迎的布希獲選爲「啦啦隊隊長」，不過他並未爭取過該角色。「這比較像是學生領袖。」他日後說明。的確，他的職務較像是在活動前重振學生的支持度，而非帶來歡樂。

同學說布希總是親切合群，有「嘴唇」的封號。他認爲是喜歡說俏皮話之故，但同學泰半認爲是因爲他的看法源源不絕所致。

畢業那年布希與凱德因擔任象徵高榮譽的舍長而同寢室。期中小布希返校時帶回貝利·高德瓦特（Barry Goldwater）所寫的《一個保守份子的良知》（The Conscience of a Conservative）。

「我說，『這是什麼玩意兒？』」凱德回憶。「我們沒空讀任何課外書，有也是看小說，但喬治似乎確有興趣，說是他爸媽要他讀的。猶記得他告訴我高德瓦特所代表的意義。」

約在同時，該校院長問小布希打算上哪所大學。當布希告知想念耶魯時，該校人員說，「喔，你進不去，所以你想上其他哪一所？」

據說布希家人，尤其是祖父曾運用關係讓他進耶魯，但他力辯一九六四年是靠在校考評而進入該校。「也是因爲我想與東岸來自各階層的人相處。我喜歡那種氣氛。在耶魯我不是天才，但總有把事情做好的準備。」

兄弟會的莽撞小子 ★★★

一九六四年秋，布希的祖父從參議院退休，時任休士頓共和黨海利斯郡（Harris

County）主席的老布希競選參議員失利；甘迺迪總統遇刺一年後，詹森繼任並派遣數萬年輕人前往南越，爲免北越赤化南越而戰。

就像美國其他大學一樣，耶魯頓時成了政府與抗議出兵越南的異議學生間的戰場。小布希自認幸而那些年沒參與校園政治、抗議與六〇年代反傳統文化。「我認爲在耶魯時沒有任何壓力可以破壞我的生活。」他日後承認。（該校學生領袖簽署了表達「毋寧認眞考慮離開美國或坐牢，也不願去越南打仗」的宣言。布希不在其中。）

朋友說在那個人生階段中，布希首次顯露政治人物與生俱來的特徵。家學淵源——人際接觸時的敏銳，尤其是那照相式的記憶力。

強森猶記兩人在大二那年宣誓加入兄弟會時，學長規定他們寫下另五十名入會者名單。「一般人寫三個左右，」強森說。「喬治寫了全部。他就是對人有興趣，才會記住名字的。」

耶魯同學羅藍·彼特斯（Roland Betts）記得類似情形。「有人可能會說那是布希這類政治人物從父親那裡學來的，」彼特斯說。「但我可以告訴你一九六四年初識時，他就會走向每個人，伸出手說『嗨，我是喬治·布希』，然後跟他們聊天。那是天性。往後二十五年中我們了解彼此，我不覺得他變了。他不虛僞、不自我膨脹，是個極不武裝自己魅力十足之人。」

另一位前校友新英格蘭的小說家克里斯多福．帝爾曼（Christopher Tilghman）補白他個人對布希的回憶：「眞的就是那樣。他的確對人有這種特殊本領。握手時他看進你眼裡的那種方式，那種他說話的直接方式——很難形容，但結束後你就是邊走邊想他要比其他一般預備學校學生有趣多了。」

藍尼．J．戴維斯（Lanny J. Davis）這位曾任柯林頓總統特別顧問的布希同學發現他「可以很快抓住一個人的本質。他是個寵壞了的富家子嗎？絕不是。他散發出不虛僞的作風。你永遠不知道其父是誰，出身何種家庭。沒什麼權貴架子。」

小布希是個主修歷史的普通學生。「他不是最聰明的。」強森回憶。「他不是最佳運動員。」

雖然坦言在大學時「從不是什麼大知識份子」，布希還是校園裡的鋒頭人物，白話一點是指舞會生活，還被選爲DKE（Delta Kappa Epsilon）兄弟會會長，布希的好友科羅拉多大學法律教授羅勃．戴爾特（Robert Dieter）說。

兄弟會（DKE）兄弟說他是醉心於舞會的人，常在球賽前調製「螺絲起子」給大家喝。「DKE會館是靈魂樂、跳舞、約會的場所，充滿酒氣」，而小布希是個「精力充

沛的傢伙，風趣得很。」

來自奧克拉荷馬市的同學暨友人羅斯．沃克（Russ Walker）回想有一晚從兄弟會回去的路上，當時喝醉的小布希跌倒在地並在路中央打滾。「他簡直是滾回宿舍的。」沃克說。

布希友人賽樂森補充，「我認爲喬治就像我們大家一樣，感到巨大的壓力且想補償失去的時光。大學便是一個爆發期。」賽樂森從未見過布希吸毒；然而對於布希所承受的壓力，他說，「如果他那一刻沒有用嗎啡，那他當時就不是活的。」

一九六六年任該會會長時，小布希因偷竊商店展示的節慶裝飾物回會館而首度觸法。「我們聲響太大，」布希說，「警察跑來問，『你們在做什麼？』我說，『我們在取下耶誕花環。你難道不曉得DKE會館沒有耶誕花環嗎？』」警察欲以輕罪論處，但後來其父友人出面擺平。

布希這位兄弟會會長後來又扯進更滿城風雨的麻煩，那是在史蒂夫．偉思曼（Steve Weisman）這位偶爾投稿到《紐約時報》的耶魯人在《耶魯每日新聞》文章中指控「殘忍猥褻的入會儀式正在進行」之後。

「已在耶魯引起最多爭議的這項入會費，」偉思曼寫道，「是DKE兩週前在入會儀式中拿一塊『熱烙』燙新會員最細腰之處。」一張顯示希臘字母「Delta」狀疙瘩的照片附在文旁。一位前會長表示烙印是用滾燙衣架做的。但前總統布希說造成的傷「只是一個香煙灼傷。」

「沒有疤痕，身、心俱無。」布希當時告訴偉思曼，並駁斥那篇報導。這位兄弟會惡作劇者說他不解大家為何小題大做，還說德州的大學生入會儀式是使用驅趕羊群的刺棒。

這位傳說中醉心舞會的男孩另一校園頭條發生在大二那年，耶魯橄欖球隊五年來首度打敗普林斯頓後，小布希召集衆人慶祝，但地點選在勁敵的校園內。

「一群耶魯人決定移走普大的橄欖球門柱。」強森說，布希是帶頭者。他隨即獲釋，該罪因其父剛選上國會議員而變得複雜。

「糗事一樁，」布希笑說，「年少輕狂」，重複這些年說了無數遍的標準形容詞片語。

不過老布希從不提此事。「他不曾有眞正試圖導引你生活的意圖。」布希後來說。老布希對這位同名之人說過最重的話恐怕是對他做的某事「失望」。那是在得知小布希為和女友在返校開學前共度而提早一週從路易斯安那州油田的工作出走。其實小

布希在耶魯時已辭掉許多暑期工作了。

雖說當時布希原諒了兒子的「年少輕狂」，僅當做是兄弟會學生的狂歡，但家庭友人說其父是第一個意識到兒子酒癮成性的人。

「喬治他爸有個耶魯師長、兄弟會成員、室友組成的間諜網，會電告其愛子所有夜生活名單、周末狂歡、醉酒上課、醉酒開快車的細節。」一位布希大學同學暨親近友人說。「他突然辭掉那份油井修建工的工作時，老人家便得知他已經喝到通宵達旦並且想在返校前和女友讓舞會持續進行下去。」

他愛的女人★★★

小布希當時的女友凱薩琳·李·沃夫曼（Cathryn Lee Wolfman）和他同樣成長於西休士頓上流社會人士群居的探格伍德（Tanglewood）。她就讀該市最好的私立聖約翰學校時是名出色的運動員，並與媽媽和開服飾店的猶太裔繼父同住。

這對小情侶在布希從安多佛預備學校返鄉時偶爾約會，但他們的羅曼史在兩人都於東岸就讀大學後漸漸熾熱起來。凱薩琳和芭芭拉一樣就讀麻塞諸塞州的史密斯學院，但在一次滑雪意外中受傷後回家修養，最後轉學到位於休士頓的萊斯大學，在那裡她主修經濟並且加入「伊利沙白．鮑德溫（Elizabeth Baldwin）文學社」。當小布希從耶魯放暑假或短暫假期回到德州時，這對情侶常被人看見他們手挽著手出現在舞會、網球比賽和其他與石油都市特權有關的社交活動。

被朋友形容爲「外向開朗」的凱薩琳曾與小布希訂婚。一九六七年一月一日，當《休士頓編年》社會版以「國會議員之子將娶萊斯男女合校女學生」這個標題宣告這對二十歲大三學生的夏季婚禮計畫時並不令人意外，旁邊還有一幅二人的合照：他身著西裝、打著領帶，蓄著平頭；她著無袖禮服，面露微笑，留著短髮。就像布希的雙親二十年前所做的一樣，他們計劃於小布希大二那年定居於康乃迪克州的紐海文（**當時耶魯仍是一所和尚學校，直到布希畢業那年才開始接受女學生。**）根據布希的說法，訂婚不到半年，這對小情侶便因遠距離關係而「漸行漸遠」。「我爲她著迷，但在我大一要升大二那段時間，我們決定不結婚了。」布希日後說。當他們於一九六八年年初畢業時，他們決定將婚禮延後一年，最後則是完全取消了婚禮。

布希這位前未婚妻兩年後嫁給休士頓一位哈佛企管碩士。她對於他們分手的細節口風相當緊，只說：「我愛過他。但我沒有『要是怎麼樣』的想法——我沒有遺憾。我和他訂過婚。我很高興和他訂過婚。但這段關係已逝，僅此而已。」

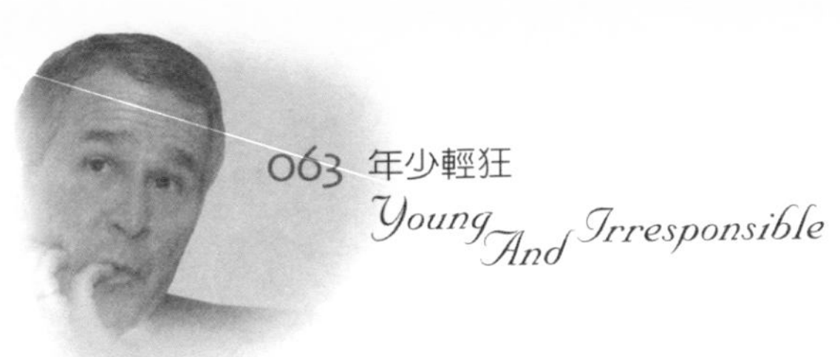

這對情侶的友人從別的方向推敲他們的分手原因，認爲陳腐的社交圈裡，關於這位年輕的沃夫曼家女人的「零售商」家庭，有一些不當的「齷齪、勢利的耳語」流傳著。「時常有人耳語她的姓氏和其父在成衣界的名氣，於是布希家開始對兒子施壓，取消婚禮，因爲這位未來的媳婦有個猶太背景」，甚至於他們是新教聖公會教徒，從布希遷居探格伍德後即熟識這對情侶的一位友人表示，「他們很要好且兩人都很痛苦，尤其是喬治。他是野性又執拗的舞會狂，失去他愛的女人，加上害怕去越南使他心情不定。」

飛在德州友善的天空裡 ★★★

一九六八年春，小布希從耶魯歷史系畢業，其父給他一張一萬七千元的支票，希望他運用這筆教育基金繼續攻讀商業或法律，但畢業時他錯失了兵役展延。四年耶魯求學已幫他躲過徵召，此刻他隨時可能像其他五十萬名以每週戰死三五〇人速度凋零的美國年輕人一樣前往越南。

在認定自己不想「做一名在越南的步兵」、「想學飛行」後，就在戰事最吃緊時，布希加入了德州空軍國家防衛隊，完成他的軍事義務。

國家防衛隊主要是境內後備部隊，但可以徵召爲現役。然而在六〇年代很多參戰的那一個年代的人，都視國家防衛隊爲公然逃避徵召的最好選擇。基本上，國家防衛隊的成員戰死越南的機會渺茫。整場戰爭下來超過一百萬名的防衛隊與後備部隊軍人中只有一萬五千名被送到東南亞作戰。

布希日後以第三人稱談及自己，「沒錯，我是指一個人可以爭論說他試圖逃避去當個步兵，但我的態度是——我把握了成爲飛行員的第一個機會，並跳過去服役。」雖然布希從未直接說明他加入防衛隊是否爲了逃避兵役，但他說：「要是我的單位徵召，我應該已去過越南了。我當時準備好要去。」

「在某種程度上他是走在中間路線的人，」克雷格．史代波頓（Craig Stapleton）說。「一時間人人都在動，而你仍留在中間。他沒有逃避兵役，但也沒自願去越南。」

布希告訴耶魯同學彼特斯說，當他不特別熱中加入防衛隊時，他「想到爲了不要悖離其父的政治生涯，他必須服某種方式的兵役。」

一九六八年，全國防衛隊共計約有十萬名排隊等候者。時任國會議員的布希是否利用不當影響力爲愛子謀得人人覬覦的預備隊機會，諸多疑點還在發酵。

研究德州空軍國家防衛隊的歷史學家湯姆．海爾（Tom Hail）發現雖然越南極需

飛行員，但從當時資料上看不出防衛飛行中隊短少過飛行員。他說布希的單位在他申請入伍時有二十七名飛行員，沒必要快速補進申請者。

布希經常重複的官方說法是畢業前兩週他「聽說德州空軍防衛隊開放徵選飛行員」，就單純地「簽約飛行單座F-102攔截戰鬥機」。「你可以選擇逃避徵兵，也可以選擇簽約，」布希承認，「而我簽約了。」

防衛隊的申請表格上有一道題目：「加入空軍防衛隊的背後意義」，布希答「無。」另一道必答題是「是否對徵調海外有興趣」，布希則勾選「不自願」。

一九九八年九月《華盛頓郵報》訪問其前防衛隊指揮官退休准將瓦特．巴克．斯道特（Walter'Buck'Staudt），此人在當休士頓商會航空委員會委員時認識國會議員布希，問他何以小布希於一九六八年不受後補者眾的影響獲准進入後備隊。

斯某表示這年輕人當時立刻獲准進入後備隊，是因為有五、六個飛行員空缺。「大多數的人不想成為飛行員，因為這是一項約定──訓練期長，」斯某說。「必須通過委員會面試，由他們決定是否是塊料。我得告訴你，這孩子是個資產，任何說有家族影響力介入的人都是該死的騙子。」

諷刺的是一九八八年布希擔任其父總統大選競選顧問時，不得不為老布希的競選搭檔美國參議員奎爾——這位報業繼承人辯護，反駁媒體斷言他曾利用他有錢的出版家族或政界朋友的影響力來得到一九六九年印第安那國家防衛隊的工作，做為逃避徵兵的方法。

奎爾家族經營的《杭丁頓前鋒新聞》（Huntington Herald Press）不斷攻擊反戰激進份子說他們是「享受優渥生活的一切舒適、愜意、狂想的徵兵逃避者」，而美國軍人正在「如此惡劣條件下」作戰。在共和黨全國大會上，奎爾，一位強大國防的保守派擁護者，突然發現自己在有關於爲何他曾加入國家防衛隊，而不用至越南打仗的媒體問題；以及認爲他只是一名想讓別人去戰場的僞善者的指控上，所表現出來的態度顯得防禦心很重且措手不及。

另一位戰爭老兵暨大會代表約翰・德坎普（John DeCamp）陳述：「回到六〇年代，你有不想去越南的有錢有勢朋友，正在尋找一個進入國家防衛隊的門路，」他說，「而且你有其他朋友沒那麼多錢，而且他們之中有些人不想去越南，就像我一樣被抽中，然後他們之中有許多人活活中彈、死亡。」

另有接受訪問的大會代表表示國家防衛隊會像在坎特大學所做的那樣對學生開火，卻不願去越南殺敵。

在老布希拒絕回答問題後，其陣營主席詹姆士．貝克（James A. Baker III）向CNN記者承認奎爾「是由其家人協助」加入防衛隊的；爲了將損害減到最小，於是小布希與媒體會面，並表示奎爾沒有像許多其他的美國兵役逃避者一樣躲到加拿大就算不錯了。

自從國家防衛隊改由各州州長選派的州民兵團爲司令官主管後，這代表著有許多像布希這類權貴子弟有了可以交涉的管道。「顯然州長、前州長、議長都對國家防衛隊極有影響力。」一位德州飛行中隊前人事官員表示。「若看到名單，你會發現除布希外還有許多德州政要之子不巧也進了防衛隊——無視後補名單的存在。」

前德州議長班．巴訥斯（Ben Barnes）後來承認當時該州名流不時請託協助兒子進入防衛隊。他說從未接到衆議員布希或其家人的請託。但當被問到有無他人請託時，巴訥斯說舉足輕重的休士頓油商暨布希家長期友人西尼．愛德覺（Sidney A. Adger）曾請託過。

當被問到如何進入後備隊時，小布希打趣但迴避地說，「他們可以感受到我將成爲歷來最偉大的飛行員之一。」

一位越戰老兵暨一九九八年「共和黨全國大會」代表——詹姆士．強森（James

Johnson)，領會不了布希回答之中的幽默。「當布希老弟在他的F－102戰鬥機中忙著捍衛德州——墨西哥邊境，防止強盜入侵時，我正在看著我的弟兄被越共打得腦袋開花。」——這位一九六八年在「越南新年攻勢」中失去雙腿，必須終身倚靠輪椅的雙腿截肢者如此說。

退伍軍人們也注意到一九六八年五月入伍時擔任基層飛行員的布希竟然在短短數月後升任少尉，堪稱美國軍史上升官最快者之一。布希當年的指揮官斯某評定他是有成爲飛行員的「必備興趣、動機、知識」的軍官幹才。在報告中，斯某補充：「布希符合本任命計畫的全部條件」，這是一個讓非軍官候選學校畢業的年輕新進者，完成基本訓練就能成爲少尉的特殊程序。斯某的三人審核委員會於七月通過任命。

當時一份州民兵團司令部的手冊列出數項成爲少尉以上軍官的條件，大部分都是布希欠缺的：高中教育、十八個月的兵役、包括六個月的現役、完成軍官訓練。另一本防衛隊手冊列出成爲少尉的三種方式：二十三週的軍官訓練計畫、九週的「後備員特殊軍官候選人課程」訓練、或完成八個週末的操演課與兩個夏季訓練營。

「我不是說我是偉大的戰爭英雄，」布希日後說，「但我想讓你們清楚裝上後燃器後的F－102戰機也是椿軍事武器。對於我的工作我一點也不感到慚愧。」（F－102戰機

於一九五三年建造，在六〇年代末已不在越戰採用，表示布希永遠不會調往海外。）

約有二百五十萬名美國男女參與越戰，十五萬三千三百位受傷，五萬八千二百零九位戰死。從一九六四至七三年的戰爭期間，二千六百萬年輕男性必須面對徵兵可能，以及是否從軍的抉擇。約有九萬名遷往加拿大等國以拒絕或逃避。有數萬人像布希一樣選擇加入三軍後備隊與國家防衛隊來延續個人生命或降低上戰場的危險。

噴射機師 ★★★

小布希在防衛隊的工作是他可以「飛得勤、玩得瘋、喝得兇」的一個延長舞會，當他不飛時正如日後坦承的「花大量時間與精力泡妞」，因此得到「野灌木叢」（Bush**這個姓氏有灌木叢之意**）的封號。

「畢業後他延續舞會狂的作風，」一位耶魯同學說。「他某天畢業，接著加入國家防衛隊，去聖安東尼奧（San Antonio）受訓數週，然後就馬不停蹄地過生活。他飛直昇機、開快車、和女子上床、泡舞會都更頻繁。」

六八年秋，這位新當上的少尉駕著他的敞篷汽車前往位在喬治亞州沃多斯特（Valdosta）的空軍基地接受五十三週的訓練。因為是約七十位軍官中唯一來自防衛隊的而引人注目。

雖然學員們聽說過布希走後門進防衛隊的傳言，但還是認爲他是位優秀飛行員，成績不錯。

「星期五晚上在軍官俱樂部的活動是件大事，」羅夫．安德森（Ralph Anderson）上校說。「有生啤酒和鎭上來的女子。大家都很瘋，尤其是小布希，不只一次脫下制服在吧檯上裸舞。」

雖然小布希從未張揚他的政治家世，但同僚認爲與這位國會議員之子一同受訓過的經驗相當難忘，尤其是在一架政府專機專程載他回首府與尼克森總統長女崔西亞（Tricia）約會的這件事之後。

一九六八年，老布希連任衆議員，而新科共和黨總統尼克森認爲德州民主黨參議員羅夫．亞柏洛夫（Ralph Yarborough）在政治上動輒得咎。爲了要「討好大人物」並說服布希放棄國會席位及與亞柏洛夫競逐參議員的決定，尼克森試圖將愛女與小布希配對。

在媒體追問下，小布希只模糊憶起與總統之女的晚餐約會是「被安排的」。

當他被問到另一名在飛行訓練結束前經常約會的年輕喬治亞美女時，也會類似出現爲失憶症所苦。據同學們表示他在俱樂部時間越來越少，常與這名他們以爲會成婚的女子出遊，然而從飛行學校結業時，他連再見都沒說就爲軍事勤務前往德州。現在他只記得她叫茱蒂。

布希的同學們明確地說他壓根沒想到娶這位他一再答應會娶回德州的女子。「小布希不想成家，而成家正是她想要的。喝醉時承諾一個盛大的教堂婚禮，但酒醒後說：『我那時一定是瘋了，才會跟她那麼說』。」

一九六九年拿到航空完訓徽章後，小布希受派在一國家防衛隊飛從休士頓近郊的艾靈頓空軍基地到墨西哥灣的夜間任務。在休士頓他受訓的「戰鬥機員訓練學校」的成績報告上寫著「布希少尉是名活力充沛的傑出年輕軍官，做爲一名頂尖的攔截戰鬥機飛行員極爲出色。」兩年後布希從現役防衛隊退伍，於其父競選一九七〇年參議員失利的陣營中工作。

小布希當時在休士頓的「第戎城堡」（Chateaux Dijon）租了一間套房，那是一個有四百單位主要住著年輕、社會地位看好的單身專業人士的複合式大樓。

「我記得他要執行一些夜間飛行。」和他一起住在休士頓的耶魯同學唐・安瑟訥特（Don Ensenat）說。在他部分工時的週末防衛隊任務前「二十四小時不能喝酒」，

「他們必須讓飛機一直保持警戒。」

自六〇年代末就不斷有傳聞指他在所謂「年少輕狂」時曾吸大麻、濫用古柯鹼，尤其是在國會議員、州長、總統這些媒體深查細究的選舉期間傳言更爲熱烈。

布希面對媒體的尖銳問題時，拒絕回答可能非法使用毒品的問題，改採錯必在我的自責方式。「我犯了錯，」他在總統大選期間常重複。「爲了不想讓任何人有機會說，『嗯，德州州長這麼做，那我爲何不行？』而選擇累積我的罪。那是我爲何對我的過去保持神祕的道理。我不會闡述有關於我孩提時代的所做所爲。我二、三十年前做的事情與現在的我是無關的。」

那些在他於國家防衛隊服役時一起上舞會的前耶魯同學及友人在他那語焉不詳的柯林頓式說法的背後，補白說他偶爾吸大麻、濫用古柯鹼。

二〇〇〇年總統大選期間，媒體和布希的對手警告他，將持續針對他年輕時有關於毒品使用上的揣測，直到他和盤托出爲止。「這類的蜚短流長就在那裡，而且當他承認曾有飲酒方面的問題但拒絕回答關於毒品上面的問題時，便會被激怒。」布希共和黨對手之一藍模．亞歷山大（Lamar Alexander）的競選總監說。「直到給一個完整的交代前，州長都可以想見這會是競選中的一個議題。」

年輕帶勁 ★★★

在其父一九七〇年競選後，小布希遷往近萊斯大學的一處公寓，當不飛周末的墨西哥灣任務時，他於羅勃・郜（Robert Gow）這位耶魯畢業曾在老布希公司擔任經理的家庭友人所經營的農業公司兼差過。

但口口聲聲說想要以「非商業方式」貢獻社會的小布希覺得這份工作「呆板」，做不到一年就辭職了。

結束參議員競選陣營的短暫工作後，布希第一份的全職工作是一九七二年在「領導才華聯盟專業人團體」擔任輔導員。老布希是該休士頓市內抗貧計畫的「慈善贊助人」暨榮譽董事長。在爲這些貧苦的黑人青少年諮商、一起打籃球、摔角、帶他們參觀青少年監獄的幾個月當中，布希保持純潔、不醉酒。

「他是第一位深受所有孩子喜愛的白人男孩。」當時與布希共事的爾尼・賴德（Ernie Ladd）說，他注意到布希與出身截然不同的這些男孩建立了良好的友誼。

「彷彿就在昨天，我記得他與那些孩子好到他們都想跟他回去。」他的直屬主管艾德格・阿諾（Edgar Arnold）回憶。另一位同事說他原以爲他是個力爭上游的窮人子弟。

「就某種意義而言，我覺得當年喬治真是性格扭曲的，」布希從那時候交往至今的朋友道格．漢納（Doug Hannah）說，「試圖想釐清是否能做些不依循其父腳步的事情。」

布希將他這段人生中失焦且混亂的時期稱做他的「遊牧時期」。一九七二年有三個月時間他住在阿拉巴馬州的蒙哥馬利（Montgomery），那是在他被徵調到阿拉巴馬州國家防衛隊後，如此一來他便可以在老布希另一友人建築大亨暨前郵政部長溫頓．「雷德」．布朗特（Winton'Red'Blount）的競選陣營當一名有給職的政治總監。

雖然其他幕僚人員對他的共同印象是「一個雙手離不開女孩子的舞會男孩」，但他們看來似乎更吃驚這位帶有明顯方言鼻音的德州佬舉止像個康乃迪克出生的預備學校洋基佬。「他穿著廉價的懶人鞋，不穿襪子就來上班。」一位驚訝的陣營同事說。

布朗特參選參議員慘敗後，布希回華盛頓特區的新家渡耶誕節。身為尼克森總統忠誠支持者的老布希預料將在三週內成為共和黨全國委員會的主席，小布希感到沮喪、痛苦。正如日後《華盛頓郵報》所寫的，將衝擊布希的是「克服其父盛名」之累。

當晚小布希與十五歲的馬文從友人家喝多了回來，沿路小布希大聲敲打、拖拉鄰居的垃圾桶。

老布希要他到房間來。小布希回想當時喝醉的自己正準備挑起一場戰爭。「我聽說你在找我，」他咆哮。「你想要在這裡決鬥嗎？」兩人都提高了嗓門，場面立刻針鋒相對。芭芭拉跑進房間拉開了兩人。脾氣是冷靜下來了，不過小布希的憤怒與敵意卻持續整個假期。

離開華盛頓前，他告知父母爲了取得碩士學位已申請進入哈佛商學研究所並獲准。當雀躍的雙親問何時註冊時，他吼了回去：「噢，我不會去唸。我只是讓你們知道我進得去。」

然而小布希在七三年十月還是去就讀了。「我那時認爲哈佛可以擴展視野，」他日後說。「那是一個比耶魯嚴格許多的環境。哈佛提供我的是一些工具。我老說那是資本主義職業訓練課程。」

「他去那裡就讀的理由和我們之中的許多人都一樣，」他的一位耶魯同學克雷頓．戴（Clayton Day Jr.）說。「我有許多學位，但我不能做任何事情。它就像一所職業學校。」

如同在安德佛與耶魯一樣，在哈佛的年輕布希不虛僞、用功、玩得瘋、受歡迎。

他住在劍橋中央廣場附近的公寓。還換掉了廉價的懶人鞋，改穿牛仔靴，看起來像是爲回歸他眞實老家西德州鄉下的根，而且收起了花花公子的傲慢。朋友憶起他爲嚼煙草而帶了個吐杯，穿著國家防衛隊飛行員的夾克坐在教室後面。當其他同學喝「奇瓦士」時，布希追逐他的「野火雞」；當他們去看歌劇時，他留在公寓裡聽強尼．羅傑士的唱片。

布希的姑媽南西．愛麗絲（Nancy Ellis）住在波士頓附近，她記得動盪的七〇年代早期與水門案對侄兒的難捱。「你知道哈佛廣場以及他們對尼克森的看法。但喬治在那，而他父親又是共和黨全國委員會的頭。所以就爲了避開而常來我們這裡。」

「當年有許多衝突矛盾，」老布希說。「年輕人有許多難處。他們被說成我國在越戰上錯誤的人才訓練。於是每天只能過著上學、交友、然後回家的單調生活。」

但布希並未回到羊棚裡，像他父親一樣不想在華爾街工作，甚至更想離開東岸。

西進，年輕人 ★★★

一九七五年帶著剛出爐的企管碩士學位，三十歲的布希反叛他刻板的背景，把家

當塞進了他那台五年車齡噴了漆的克特萊斯，而且帶著他所形容的「沒工作、什麼都沒有」，單獨去尋找「一個新天地」。

他前往亞利桑那州塔克森（Tucson）訪友，途經西德州時與幾位童年死黨喝酒，其中包括《米德蘭記者-電詢》第四代掌門人詹姆士·「吉米」·艾利森（James'Jimmy'Allison）。兩人曾於七二年在該州爲布朗特那場失利的參議員選舉共事過。「我們談論石油和瓦斯生意，及一個想要努力打拼且頭腦靈活的人可以如何獨立闖出一片天。」布希回憶。

布希繼續他的旅程，但愈往西，到兒時小鎭米德蘭的念頭愈揮之不去。「麻省的劍橋（**哈佛所在地**）是個和米德蘭相較下很沉重的環境。那裡的人不了解地平線可以擴展。」他解釋。「那裡沒有成長潛力。西德州是實行家的天堂。人們在這兒可以做事。」

再一次追隨其父的腳步，布希重拾這段老布希約在三十年前走過的旅程，並回到米德蘭與油田，嘗試實現自己的德州夢。

第3章 政商關係

「他正夢想找到一塊大油田並立業成家；他有最適當的條件。」

布希總統大選總募款人唐訥．伊凡斯

第三章 政商關係

他正夢想找到一塊大油田並立業成家。他有最適當的條件。

——米德蘭油商暨布希總統大選總募款人唐訥．伊凡斯

他是那些生在三壘且認為他想擊出三壘打的人之一。

——前白宮顧問保羅．貝格勒

與魔共舞 ★★★

在艾利森幫助下，小布希住進一間車庫公寓。他有企業家追求成功的強烈渴望。幾乎從石油業尊卑順序的最底層開始，他急忙先成為一名每日酬勞一百元的自由地產商，為獨立油商與在珀米安盆地找尋租地的大公司研究土地權狀與礦權。

數月後，小布希放棄了這形同律師助手的工作，開始買一些小租賃權，再賣出部分並保留自己的那一份。然後他開始買賣採礦權、產生收入、僱用地質人員與秘書，並擴展事業。

當時有些認識布希的「老前輩」挺喜歡這個他們喚做「小喬治」的踐踐的、說話很快的捲髮後生。油商們憶起在他「櫥櫃大的辦公室」內，坐在堆疊的飲料箱上談生

意的光景。小布希是出了名的節儉——「近乎寒微」——他穿著叔叔穿剩的黑皮鞋，與那些當他還在勉強維持收支平衡時、卻早已賺了一票的膽大投機的同儕開會。他一再的告誡友人，「不要爲了任何會消失殆盡、匯率浮動或暗渡陳倉的事物而借錢。」

布希早年剛好碰上西德州因爲一九七三年阿拉伯石油禁運下每桶原油飆漲到三十元以上的大好時光。小布希極想分一杯羹，像其父幾十年前一樣發現油藏，但不要花到自己一毛錢。

一九七七年六月，他成立了自己的鑽井公司「阿巴斯多能源」（「阿巴斯多」是西班牙文的「灌木叢」）。像其父用別人的錢在石油業發財一樣，小布希也在德州空軍國家防衛隊時的同事詹姆士·貝斯（James R. Bath）這位休士頓商人等人的投資下才成立該公司。德州的資料與個人財務記錄顯示貝斯這位與沙烏地阿拉伯酋長有生意往來的飛機仲介商曾投資五萬元於該公司，在小布希經營的兩家合夥公司有百分之五的股份。

《時代》雜誌一九九一年描寫貝斯是「一名據說關係上到中情局，下到一名大股東與『信貸暨商業銀行』（Bank of Credit & Commerce）的買賣掮客。」該銀行於一九九一年七月因數十億元詐騙案、涉及暗中從事情報工作、毒品交易洗錢、政府官員武器仲介賄賂及援助恐怖份子等罪名而停業。由「英格蘭銀行」(Bank of England)委託的一項會計決算最後披露了赤字與犯行，迫使該銀行倒閉。

貝斯不曾直接牽連其中，但根據《時代》記者獲獎的《亡命銀行》(The Outlaw Bank)一書所載，貝斯藉由替酋長卡雷德·賓(Khaled bin)、馬法士(Mahfouz)及另一與該銀行有關的沙烏地酋長，雪克·賓拉登(Saudi, Sheikh bin Laden)投資而發跡，此人不是別人，正是九一一事件首腦奧薩瑪·賓拉登(Osama bin Laden)之父。

據新聞報導，一九七六年一份在前布希總統出任中情局局長後不久簽的委託合約中，沙烏地酋長撒冷·賓拉登(Salem M. bin Laden)指派貝斯為其德州商務代理人。「賓拉登兄弟建設公司」是中東最大的建設公司之一。

一九九一年貝斯在法院宣誓為「航線飛機租賃股份有限公司」的唯一董事，該公司由馬法士經營。而馬法士曾任該銀行的大股東，該銀行遭指控於七、八〇年代利用中東資金於他國大搞政商關係。

法院資料顯示貝斯於一九七七年宣誓為四位富有沙烏地阿拉伯名人的受託管理人，並用自己的名義為他們在美國投資。相對可得交易金額百分之五的利益。聯邦調

查局等單位在貝斯的一位美國生意夥伴指稱沙烏地人利用貝斯及大筆資金影響美國的政策後，對他展開調查。

書中推測貝斯當年投資「阿巴斯多能源」的五萬元可能是酋長們的錢，因爲貝斯「當時沒什麼自己的錢」。諷刺的是這筆用來經營這位日後美國總統合夥創業之作的錢竟可能來自奧薩瑪．賓拉登的家族。

一九九〇年，小布希爲了撇清自己、總統老爸與愈滾愈大的「信貸暨商業銀行」醜聞之間的關係，在一項訪問中表明他和其父都不曾與貝斯合作過。小布希繼續讓他的話成爲有案可考的記錄，他說自己結識這位休士頓商人是在一九七〇年兩人都是艾靈頓基地「空軍國家防衛隊」飛行員的時候（**耐人尋味的是，貝斯與布希都於一九七二年九月因「沒通過年度體檢」而被規定停飛。**）

然而數月後披露的稅務文件與財務記錄迫使布希承認貝斯的確是「阿巴斯多能源」的創始投資人。布希說據他所知，貝斯的投資來自個人的資金，而且沒有證據判定這錢來自沙烏地對此感到興趣的人。

在貝斯投資布希的合夥事業的背後，是否有著其他的動機，在這方面仍然有許多問題沒有得到解答。

第一場選舉★★★

一九七七年夏，擁有淨值超過五十萬元的五口天然氣井與三口油井的小布希，事業蒸蒸日上。一晚與艾利森喝酒時，他建議布希不妨藉由角逐即將退休的民主黨眾議員喬治．馬宏（George Mahon）的席次投身政壇。

小布希先是大笑，隨後便意識到老友是當眞的。

雖然兩人從一九四八年布希一家搬到米德蘭時即相識，其實艾利森和老布希較熟，曾於六六年成功操盤其國會選舉。他後來加入老布希在華府的幕僚，在那裡受到同事與老布希的敬重，甚至被公認爲老布希的「副官」。

一九六九及一九七〇年，艾某擔任「共和黨全國委員會」副主席，隨後辭職並於華府自組一家政治顧問公司。一九七四年夏天他重回家族在米德蘭經營的報社擔任執行副總裁，一九七五年一月他父親過世後，他成爲該報社的總裁。

即使布希在當地才住了兩年，但這位透過他那有著宛如濕亮寶石般炯炯雙眼、傳遞積極樂觀天性的長期友人，列舉了小布希應該參加這場選舉的理由時，小布希一邊對艾利森的政治領悟力感到敬重，一邊專心聆聽。

當兩人隨後前往油商家玩牌時，贏了錢的布希認爲是個好兆頭，他告訴艾利森他已決定「嘗試家族事業」。布希自然要求這位他父親的前競選總監暨國會助理艾某爲他自己的政治公職競選操盤。但艾利森必須婉拒。他已經被診斷出患有白血病。

年僅四十五歲的至友羅患當年奪去羅蘋性命的不治之症的消息震撼了布希。他最初的反應是「去他的政治」，然後便開始了連續一星期的買醉。

最後在第七天早上，他凝視鏡中的自己，討厭這個「在背後注視的魔鬼」。喝完一壺咖啡後便打了三通電話：第一通告訴艾利森他決定參選；第二通要求弟弟尼爾當其競選經理；第三通通知媒體參加他的參選記者會。

「讓我們正視它，喬治並非眞正快樂，」米德蘭油商暨布希友人喬·歐奈爾（Joe O'Neill）說。「這是長子症候群（first-son syndrome）。你想要不辜負你父親對你的高度期望，但同時你想要走你自己的路，於是你朝著你父親已經走出的同一條路拳打腳踢並放聲尖叫地走下去。」

平撫他狂野性格的安定力量 ★★★

宣布參選後一個月，布希經人介紹結識奧斯汀公立學校圖書館員蘿拉·衛爾曲

（Laura Welch），這對情侶相戀並於三個月後結婚。

蘿拉成長於米德蘭，是海洛德與珍娜．魏爾曲（Harold and Jenna Welch）兩夫婦的獨生女。父親是建商，母親是幫丈夫記帳的家庭主婦。蘿拉「模糊」記得在聖．傑森多初中七年級時的布希。但小布希與家人在他八年級時搬到休士頓，而蘿拉則將她的少女時期用在學業上輕鬆拿A、埋首書堆、與朋友在她最喜歡買可樂的「愛格尼斯的店」聊天。

從南衛里大學（Southern Methodist University）取得教育學位後，蘿拉曾到歐洲短暫旅行過，然後定居於休士頓，在那裡的約翰．甘迺迪小學（John F. Kennedy Elementary）教過書。她也在該市的休士頓公立圖書館（Houston Public Library）凱實米爾分館工作過一年。想不到的是，當布希是「德州空軍國家防衛隊」飛行員時，她曾與布希住過位在南休士頓的同一棟公寓「第戎城堡」，但兩人從未碰過面。

當蘿拉帶的二年級學生升級後，她也跟他們一塊兒升級。日後，她承認那些孩子簡直偷了她的心。她與孩子們分享她喜愛的書，往往一天唸好幾個鐘頭的書給他們聽。她真是對兒童文學太有興趣了，才會搬到奧斯汀與德州大學，並於一九七二年取得圖書館學碩士學位。

一九七三年與一九七四年，蘿拉回到休士頓在公立圖書館兒童部門工作，那年稍後她搬回奧斯汀並接受在道森小學（Dawson Elementary School）的圖書館員職位。七五年返米德蘭探望父母時，朋友曾想介紹布希給她，但她拒絕了。「我想他是那種很政治的人，我沒興趣。」她日後說。

最後，他們於一九七七年在友人後院的烤肉聚會中經人作媒結識，而且布希坦承他們的第一次約會「可說是一見鍾情」，並且承認他深為蘿拉所吸引，因為他發現蘿拉是個「非常為人著想、聰明、對人感興趣的人——最偉大的聽眾之一。而且我既然是個很健談的人，就再適合不過了。」

「我們當眞準備結婚了，」蘿拉回想。「這比我們要是在『第戎城堡』碰到面還要快上許多，我認為我們都很高興找到彼此。」

「當他遇見她，他被這意外的幸運所打動，」芭芭拉說，她回想起那年夏天他是如何在位於緬因州家裡避暑的，「他幾乎每分鐘打電話回米德蘭。而且有天說他要回家（指米德蘭）去了。我想可能是某天他打電話去（蘿拉家），卻是個男人接的電話。」

布希的父母也很得意他們最年長的、也是公認最狂野的兒子終於不再放蕩就要結婚了。當小布希介紹蘿拉給家人時，他那向來嚴肅的弟弟傑布以單腿跪下、張開雙臂的求婚方式問小布希一個二老不問的問題：「老哥，你是在求婚，或者我們正在浪費時間？」

布希經常爲了家人與朋友說蘿拉使他從酒醉和魯莽轉變成酒醒且成熟而不悅。「若我是個完全不負責的人，她不會嫁給我的」，他補充說蘿拉提醒了他「在某個時刻我必須決定——要喝酒還是要當個有生產力的公民」。正如他一位助理形容，「她有一股平撫小布希狂野性格的安定力量」。

練習賽 ★★★

布希被視爲這場國會選舉裡的一匹黑馬，如同當地一家報紙所言「一個沒有機會贏的人」。他只在米德蘭定居並工作了幾年，而且沒有可以認可的政治資格。在弟弟尼爾領軍的業餘選務人員相助下，而且在該地區幾乎每個人出馬角逐都會在共和黨初選中遭到「活埋」的情況下，小布希與雷根所支持的前奧德瑟市長吉米．瑞斯（Jim Reese）展開一場激戰。不只是前加州州長，也是西德州角逐總統熱門人選的瑞斯，及在此之前的國會議員選舉中反對即將退休的馬宏，囊括了百分之四十六的選票。

布希以支持商人、反卡特政見標示出溫和派定位，但瑞斯將他貼上與該黨「洛克

斐勒派」同路的自由派東岸共和黨人的標籤。小布希反對瑞斯對國會議員任期加以限制的主張，稱之為「過份簡化」，並承諾將服務到「直到我任期屆滿為止」。但這場一九七八年初選的最大議題是瑞斯斷言老布希是「洛克斐勒創立三邊委員會」成員之一，並說老布希贊成單一暨全球化政體。小布希反駁說他反對一個世界政府與一個貨幣系統，「而且就算三邊會議支持那些事情，我確定家父也是反對者。」

小布希還說瑞斯藉由暗指他所得到的支持，大都來自認為他們是在投票給其父老布希這一點，認為污辱選民雪亮的眼睛。「在這場選舉中，我們不需要老爸，」他聲明，一句在二〇〇〇年總統大選時常常重複的一句說詞。

小布希雖正如對手強調的不是在米德蘭出生的，但他壓倒性地拿下這個石油城市，儘管這位前奧德瑟市長在該國會選區的十七個郡中拿下了十六個，但小布希還是以一千四百零七票之差在共和黨提名決賽投票中大勝。

在秋天的大選期間，布希的對手肯特．漢斯（Kent Hance）這位日後轉換政黨的保守派民主黨州參議員暨拉巴克律師，也將小布希刻劃成移植來的洋基人暨長春藤名校畢業生。競選廣告中強調，當布希在唸耶魯時，漢斯讀的是「德州科技大學」，當布希在哈佛商學研究所攻讀企管碩士時，漢斯是一名入學「德州大學商學研究所」的

「在地男孩」。小布希指責漢斯是一名有望爲「收稅並花掉」民主黨總統卡特和自由派議長湯瑪斯．歐奈爾（Thomas'Tip'O'Neil）跑腿辦事的外務小弟。

「且看他們在石油、天然氣、通貨膨脹上的記錄，而且這一直在繼續，」小布希說。「我覺得我們需要在華府有企業上的態度。問題是誰能夠在華盛頓逆流而上，誰能成爲一位領導者？」

明顯不是布希對手的漢斯開始反擊，並將布希描繪成一位喜歡參加舞會的狂飲狂歡、不成熟、寵壞了的富家子。覆述布希「耽溺酒色」的諷刺與謠傳的前大學法律系教授漢斯，直指這些事實並指責布希爲德州科大的學生在拉巴克辦了一場競選期間的啤酒派對。

不過雖然布希輕忽了該爭議，他日後告訴友人若當時積極反駁這項指控的話，或許已經贏了。「那是卑鄙的策略」布希日後說。「聰明，因爲明顯奏效了。」當漢斯出招時，小布希面臨困難的抉擇：

他的對手是科大學生常去的一處拉巴克酒吧的地主。他該披露這層關係嗎？「我決定不披露，」布希說。「只是本能反應。回頭想想或該反擊說『多僞善啊！』」他反而安靜以對，然後漢斯發覺這事說明了「我們的背景截然不同」。

一九七八年十一月的第一個禮拜，當這場西德州的混亂平息且票數算出，布希得到了百分之四十七的選票，不過他花了比漢斯多三分之一的經費。

在公開場合中，布希是個有風度的輸家，並向他那位議題導向且誠實競選的對手道賀。選舉當晚他告訴失望的支持者，「我們打了一場很棒的選戰，我們選得很努力，」「我了解自己許多。我是個適合激烈競爭的人。」

私底下布希自我禁錮。爲了這場失敗的國會選戰，他已賠上了一年多的光陰，交織著艾利森就在三個月前過世（**他和他父親都擔任扶靈者**）的悲痛，布希體認到這是超過一個人在生命中應單獨承擔的狀況。

於是，令他妻子大爲沮喪驚惶地，小布希從另一位老友——傑克·丹尼爾士（Jack Daniels）那裡找到慰藉。

創業基金★★★

蘿拉知道改變不了丈夫，而向友人解釋沒有人有權改變任何人——人必須受激發後自我改變。

心裡上永遠是位圖書館員的她，在米德蘭家中散置諸多探討酗酒的書。布希在選後酗了整個月的威士忌後，終於讀起她爲他做記號的篇章：「辨識酗酒跡象」、「濫用酒精的症狀」、「我不能成爲一名酒精中毒者因爲……」。

蘿拉從不因他酗酒而向他說教，因爲她知道布希會否認而導致口角。只好讀「成噸的書」、探訪老友、翻翻雜誌、蒔花弄草、烹調小布希喜愛的抒壓食物——肉塊、漢堡、炸玉米餅。

「蘿拉很靜，」芭芭拉曾這麼提到兒媳婦，「但她用安靜成就了許多事情。」

轉捩點發生在一九七九年一月五日，布希落選後兩個月。老布希決定成立總統競選委員會，當晚告訴長子計畫於五月正式宣布參選。

雖然老布希曾任二屆國會議員、當過駐聯合國大使、共和黨全國主席、中情局局長、駐中國大使，但在華盛頓環城快道（Washington Beltway）以外的大多數民衆未曾聽說過此人。他說需要全家人協助全國走透透。

小布希答應有限度的支援。「我已爲自己的選務花了一年多的時間，」他稟報。「我已忽略了事業與家庭，現在是該賺錢並讓您二老抱孫子的時候了。」

往後一年小布希確實全心全力當個好一點的丈夫並將「阿巴斯多」轉型成一家賺錢的鑽井公司。當弟妹們在各州助選時，他鮮少參與。

老布希於一九八〇年秋與雷根搭檔角逐正副總統時，小布希開始募集「創業基金」以成立一家立案的鑽井合夥公司，套句油商的行話是爲了「捕殺大象」——走運之意。

七〇年代末，油業景氣時鑽井機會極多，布希的「阿巴斯多」也小有成就。但到了一九八〇年該公司的財務報表顯示大不如前，「阿巴斯多」在銀行的現金不到五萬元，新公司也舉債累累。

布希只好大靠家庭背景爲「阿巴斯多」注入新資本，引入願意在這位相當沒經驗的石油商人身上冒險的美國重要金融家、實業家、公司經理的資金。當時認識他的米德蘭人說小布希的籌資技巧遠勝鑽油本事。

「他沒有什麼大的發現。他的本領是在籌資上，」布希的親近友人之一丹尼斯·克拉博（Dannis Crubb）表示。「他有能力輕鬆弄到錢，因爲他的名字。」

獨立的米德蘭地質學家大衛·羅森（David Rosen）說小布希「從他父親的朋友那裡聚錢。在這方面他毫不猶豫」，並說這位年輕的布希不是位很成功的油商。「他們因爲他父親是何許人而接受他。」

最後超過五十名的投資人爲了「阿巴斯多」的石油及天然氣鑽井共計集結了近五

百萬元，其中出資最多的實業家包括：「賽拉尼斯公司」（Celanese Corp.）執行長約翰．馬孔柏（John D. Macomber）及重要的事業資金投資人威廉．H．綴珀（William H. Draper）。這兩名經理人合計貢獻了十七萬二千五百五十元，而且後來在雷根與布希政府分別擔任「美國進出口銀行」（U.S. Export-Import Bank）總裁職務。

小布希日後承認要是沒有他叔叔證券公司的人脈，以一個三十二歲在石油業幾乎沒有經驗的人來講，他的籌資機會「不會很好」。約訥山．布希記得侄兒是個「很努力的傢伙，而且他有個極好的小公司。人人喜歡和他做生意，而且老實說，這不是什麼困難的買賣。」雖然小布希的家庭背景不是以買賣爲主要部分，「但它傷害不了喬治」，他的叔叔說。

由於「阿巴斯多」的創業基金大量產生於一九七九至一九八二年之間，當時小布希的父親擔任雷根政府副總統的第一年，因此利益衝突之說直指老小布希。

「政治人物的西裝上衣有許多口袋，有時愈詭密的口袋愈是人們喜愛的，」超黨派研究團體「回應政治中心」執行董事賴利．馬肯森（Larry Makinson）說。「如果你可以幫助重要人物的兒子渡過事業難關，這是個人們可以建立長期關係的方法，那種長期關係可能很快就大大證明是比他們投資在一些剛成立的公司的原始金額更爲豐盛。」

小布希情緒激烈駁斥該公司投資人，質疑他以博得美國大衆爲代價的政治酬庸及意外財富爲最終目的之說。「那些都是無意虧錢的深謀遠慮者，」他說，「他們對賺錢有興趣。我認爲創意比我的名氣重要得多。人們不想虛擲金錢。」

「他們是不想，」一位前德州共和黨募款顧問同意。「在金錢與權利間有種關係。布希公司的知名背書人顯然深信有一天能回收利潤。」

照常營業 ★★★

一九八一年十一月，當小布希正要弄到一筆一百萬元投資的最後協商時，他接到一通蘿拉的醫師打來的電話。他在隔天早上九點就要成爲一對雙胞胎的父親了。

兩星期前蘿拉已經住進位在達拉斯的貝勒醫學中心，並且在醫師發現她患有毒血症後開始待產，這是一種和懷孕有關的高血壓症。當此症到了嚴重階段，蘿拉的醫師選擇以剖腹產方式接生，以保護胎兒、使蘿拉的血壓正常化、並改善她的病情。雖然以外婆與祖母之名命名的珍娜與芭芭拉幾乎早產了兩個月，但這對雙胞胎既健康也沒有任何後遺症。

在確認蘿拉能在醫院受到娘家的照顧，而且醫院醫師保證提供密集的新生兒療護給這對早產嬰兒後，布希翌日回到了米德蘭繼續與「執行資源」這間由菲立浦．烏列立（Philip A. Uzielli）經營的巴拿馬公司協商。

往後兩個月內，「執行資源」以一百萬元換得了「阿巴斯多」一成的股份。不過布希承認「阿巴斯多」不値千萬（**根據財務報表「阿巴斯多」當時的股本淨値只有三十八萬二千三百七十六元**），他說因爲當時一般預料原油每桶將超過一百元，而「阿巴斯多」擁有石油租約且有開發它們的腹案，所以烏某甘願「以未來爲賭注」。

布希說後來才知烏某是其父的常任高級政治助手、內閣官員暨顧問詹姆士．貝克三世（James A. Baker III）的大學室友。其實早在兩年前布希的約訥山叔叔就已經將此人介紹給他了。

「阿巴斯多」後更名爲「布希探勘」，因爲公司認爲「布希」這個名號比西班牙名能吸引更多投資人，但此鑽井合夥公司只募了一千三百萬。不及目標的四分之一。鑽井結果悲慘，投資人損失了他們投資金額的百分之七十五。

隨著原油價格持續下滑，布希再次救亡圖存。烏某的公司再次買下一成的股份，但股值從一百萬貶到十五萬元。

烏某形容布希的石油事業是一個「漏水的小窗口。這是淒慘的——不過這不是布希的錯」，他說。「好心的上帝沒有在那裡擺上任何石油。」

截至一九八四年四月爲止，「布希探堪」共鑽了九十五口井；其中四十五口是枯井。據股票檔案顯示，該公司從有限的投資人處募得四千七百萬並回饋了一千五百萬給他們。

直到「布希探勘」被「光譜7能源公司」這家曾以公共鑽井計畫成功招商的德州金融服務公司買下，小布希才得救。該公司兩大股東之一的小威廉・德威特（William DeWitt, Jr.）和小布希原爲校友，經地質人員好友保羅・瑞（Paul Rea）介紹得以相識。

「我們眞正感興趣的是喬治，並非其公司，」瑞某日後說。「布希有知名度，是個立刻可和投資人講上話的人。」

一九八四年九月「光譜7能源公司」藉由該公司一千六百多萬股的股票換得「布希探勘」的四千股股票，因而併購了布希慷慨一息的公司。布希成爲執行長，除七萬五千元的年薪外，還得到一千一百萬股的母公司股票。瑞某則成爲總裁。

像「光譜7」這類在油價大好時大肆借貸購買準備金的新公司，在一九八六年世界油價崩跌時是被視爲危險的公司。該公司爲了所管理的十三項鑽井基金而探勘了一百八十多口井，但全都差強人意。在油價跌到每桶十元左右時，布希爲使「光譜7」有償付能力而企圖增產，但該公司在前半年已虧損了四十萬元。

當超低油價抵銷了利潤、削減了石油公積金的價值，並造成募、借不到錢來探、鑽時，數百家石油公司紛紛倒閉。每天都有像布希這樣的獨立油商歇業，六家米德蘭的銀行，以及房地產、石油服務業接著破產。在希望並祈禱油價回升的同時，「光譜7」不裁減探勘人員、不減少開銷；眼看著「光譜7」的資產耗盡，布希這回尋求與較大的公司合併。

一九八六年布希得到達拉斯「哈肯能源公司」（Harken Energy Corp.）這家專門接收問題油田的公司救援。哈肯吸收「光譜7」三百萬元的債務，買下它一百八十口井的經營。過程中小布希得到六十萬元的「哈肯」股票，後者換得他在「光譜」百分之十四點九的賭本。成爲該公司「投資人關係與權益配置」顧問的布希，年薪八萬至十萬元，並得以董事會董事的身分以低於票面價值的四成價格購買「哈肯」股票。

多年後布希競選德州州長時告訴選民，爲了帶領其石油公司走過八〇年代破產風暴所做的努力，使他學會如何對廣大德州人的打拼「抱持同理心」。「珀米安盆地的每個人都感同身受，」他說，「而且老爸是誰並不重要。」

重生 ★★★

在雙胞胎女兒出生後前五年，布希已經步上了朋友形容的「邁向一條成熟漫長的曲折路」。他已鮮少喝酒，並戒了煙，每天中午還會在青年會跑上三至五哩。「每一步都是紀律的鍛鍊。他喜歡那樣。」蘿拉說明。「戒掉壞習慣使他覺得很好。」

雖然布希於年輕時代展現的衝動狂熱因爲婚姻與雙胞胎女兒的出生而緩和下來，但是其實最終教導布希收斂衝動，引導他轉型成爲愛家男人並戒酒的是比利．葛洛漢（Billy Gralnam）牧師，這位美國知名的傳道政治家。

數十年來，葛洛漢已經在全世界向數百萬人講道、結交各國領袖，並且是數位美國總統的知己。但對布希家族而言，他不僅是一位心靈顧問，更是一位親密且可貴的朋友，他經常與他們在緬因州肯訥邦克港他們家族避暑的複合式宅院渡假。

一九八〇年代，葛洛漢與這位副總統的長子發展了獨特的友誼。小布希使這位傳道人想起了他自己的兒子法蘭克林（Franklin Graham），他在二十二歲那年一段長時間的喧鬧與酗酒叛逆期後自殺。多年來葛洛漢最難熬的時候，他告訴小布希當其子告訴他，父親是他迷失的原因時，他認爲很諷刺，因爲他已在全世界幫助了數百萬的人找到上帝與個人的關係，卻似乎在自己的家庭中，因爲與浪蕩兒子的關係不良而失敗了。最後經過多年從他父親那裡得到一對一的牧師開導，法蘭克林得到了啓發。

一九八六年於肯訥邦克港散步時，這位傳道人問小布希「是否與上帝同在」。布希答說這五年來與家人定時上教堂，而他甚至在主日學校講過幾次課。葛洛漢停下來把手放在小布希肩上。「你沒有回答我的問題，孩子。」他堅定地說。「你有任何只透過主耶穌基督而體驗到與上帝之間的祥和與領悟嗎？」

布希低頭承認雖是上教堂長大的，但他「並非總是循規蹈距」，而且在心中有某種東西正從生命裡消失的感覺，更讓他揮之不去。雖然他已藉由將「光譜7」與「哈肯能源」合併而在石油業存活下來，但這番生意上的買斷也意味布希獨立油商的職涯告終。布希說覺得失敗，而且承認未求上帝賜予力量，反而以痛飲來減輕痛苦與失落感。

「人生若無上帝將是極度孤寂的，」葛洛漢說。「若有樣東西想讓你帶回德州的話，那便是：上帝愛你，喬治，且上帝對你有興趣。將你的人生重新交給耶穌基督，

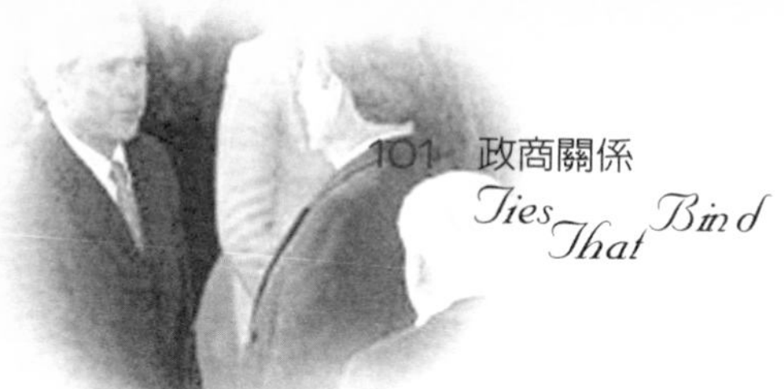

在變成嶄新的人之前，必須先放棄最後一個惡靈。交給上帝，喬治，他會扛下包袱，讓你得到釋放。」

葛洛漢對這位新弟子的影響力「有若種下一粒芥子。需要時間成長。」布希承認，「而我開始改變。」布希和「惡靈」的對決發生於數月後科羅拉多泉的大荒野（Broadmoor）飯店，在那兒他與米德蘭友人同慶大夥的四十歲生日。對布希而言，那是一場終結所有派對的派對。在那高級渡假勝地的晚餐極其奢華，開了多瓶單價六十元的銀橡紅酒。布希與石油商人伊凡斯（**日後幾年接任美國商務部長**）當月都邁入四十歲，而且他們的妻子也將於那年秋天邁入同一年齡。在座的還有介紹布希夫婦於後院烤肉認識的喬與珍．歐奈爾（Jan O'Neill）（**她也快要四十歲**）夫婦。

「我們並沒有那麼喧鬧，」喬．歐奈爾記得。「但隔天早晨，沒有人覺得美好。」與一些關於次日早晨的謠傳相反。布希並未於早餐上做什麼重要宣布。起初他什麼話也沒說，甚至沒跟她太太蘿拉說話。「要說『我戒酒了』是容易的，」他日後承認，「但這次我是當眞的。」直到布希與蘿拉回到米德蘭，他才告訴她戒酒了。「他只是說，『我即將戒酒』，然後他眞的辦到了，」蘿拉回想。

「我當時沒有意識到這是什麼重大的事，」珍．歐奈爾說。「我想那在他心中是個重大轉捩點，但這些事情要直到你堅持到底了才有重大意義。」

到底這群人的通宵舞會之後究竟發生了何事促使他突然發誓戒酒？

獨自在浴室裡，小布希凝視鏡中的面容——一個滿頭蓬草、穢物掛在下巴上、眼睛充血到要爆烈的男人。他跪下來失控啜泣，懇求上帝在他喝死前救救他。從那一刻起他立誓滴酒不沾。而他沒有再喝酒，後來他稱與葛洛漢的那場深談與那個早晨稱做他生命中的「定義時刻」。

「基督已在我生命中做了極大的轉變，」布希多年後告訴德州奧斯汀教會的集合群衆。「我堅信代禱的力量。」

布希常在訪問中承認「酒精開始與我的體力競賽，我失焦了。」雖然他有次說「不記得哪天不喝酒的」，但又說「不承認自己是臨床上的酒精中毒者」。甚至清楚愛子多年來有嚴重酒癮的老布希也公開表明：「他從不是酗酒者。只不過他曉得留不住杯中物。」

在競選德州州長與總統時，布希一再被媒體探究他的酗酒歲月與爲何突然在一個早晨戒酒的問題煩擾。「很多人說，『哎呀，糟糕，他非戒酒不可的背景是什麼？』」布希常說，「他們應該說的是，『這個傢伙已經訓練到足以戒酒的程度了』。」

蘿拉說布希多年的飲酒習慣於一夕之間結束，但這不是一夜之間的決定。「我想他已經思考了很多年，認爲他喝太多並干擾到他的生活。」

羅根．葛雷（Logan Gray）是位專治酒精中毒與藥物濫用的醫師。「沒有任何其他漸進潛在的致命疾病要比酒精中毒更常被否認了。甚至可能與患者一樣痛苦的家屬也常不承認或拒絕承認親人有濫用酒精之實。」

常懇求布希戒酒的蘿拉也否認其夫多年來濫用酒精。「喬治從不是一個會在白天喝酒的人，」她曾說。「他從不那樣。他不曾在午餐時喝過血腥瑪莉。」「問題不在一個人何時喝酒，」葛雷醫師反對。「而在是否能控制飲用量。」「他一旦開始就無法停止，根本關不住。」布希的親近友人唐．伊凡斯（Don Evans）承認。「他沒有紀律。」

根據布希自己的描述，他也在米德蘭的酒吧耗上許多時間，在那裡喝了酒後，他那衝動緊張的能量將他轉變轉變成一個惡霸。「喬治相當衝動，而且做了許多過份的行爲，」蘿拉承認。「喝酒不是解決事情的好方法。」

約在生日派對前三個月，布希在達拉斯用餐時遇到與妻子、四歲兒子同行的《華爾街日報》華盛頓分社社長艾爾．杭特（Al Hunt）。當期《華盛頓》雜誌

（Washington）刊載有十六名學者預料傑克·坎普（Jack Kemp）會取代副總統布希成爲一九八八年共和黨提名人。

杭特說，明顯醉酒的布希走近他那桌，當著幼子的面咒罵。「你這個雜種，」杭特引述布希當時的話，「我看到你寫的了，我們不會忘記這件事。」

幾乎每天與布希一起慢跑三、四哩的米德蘭整形醫師查爾斯·楊格（Charles Younger）認爲糟糕的是，這位狂飲或酒後狂鬧的親近朋友「會說些無法反映不喝酒時眞實感受的話」。

然而老布希清楚愛子不需靠酒精就能從吉柯博士（Dr. Jekyll）化身爲海德先生（Mr. Hyde），因爲年少時就總能一下子毒舌而逗趣，一下子好鬥而貼心，一下子迷人而傷人，就像他的母親。

這都是布希不以候選人身分，而以其父一九八八年總統大選「忠誠度要求者」的身分重返政治棒球競技場時所需的人格特質。

第4章 全壘打

「棒球是獨特的！它是爲了一個比什麼都重要的理由而做的個人成就運動：有點像政治！」

喬治・W・布希

第四章　全壘打

棒球是獨特的。它是為了一個比什麼都重要的理由而做的個人成就運動。有點像政治。

——喬治．W．布希

打手 ★★★

「我會有點像家父的代理人」，小布希於一九八六年秋描述他在老布希總統大選中的無給職資深顧問角色。

雖然當時對伊朗軍售醜聞使得雷根／布希政府陷入自一九八〇年執政以來最嚴重的紛擾中，但簡直所有民調都顯示老布希篤定會獲得提名。正、副總統的信譽與副總統的政治前途都隨政府與伊朗暗中的武器交易以及交易所得流向尼加拉瓜叛軍此一驚人消息的陸續披露而受害。

一九八七年五月小布希全家遷往華府，在距副總統辦公室不遠處居住。

被視為布希子女中最具政治悟性的小布希在競選陣營中擔任非正式顧問與問題解決者的工作。

「他是這個才華洋溢又好自我吹噓的團隊裡的紀律執行者，」一位資深競選人員說。「在那裡有許多自負的人，而布希之子正是唯一除了爲其父設想外別無其他議程的人。我不想誇大其角色。小布希看起來似乎不是競選團隊裡的智囊，但其實是該被這麼認爲的。」

前競選隊成員道格．偉德（Doug Wead）說，「小布希特別喜歡捉弄那些自認是大人物的人譏諷他們，還說得很大聲，讓大家都聽到。」

競選經理李．艾特瓦特（Lee Atwater）常受其揶揄。有次他褲管捲到足踝的糗態被當做名人特寫狼狽的出現在雜誌上時，小布希打趣他像個「在吃到飽餐廳飢腸轆轆的胖男人。」

「我提醒李他是在爲家父工作的，」小布希說。「我不欣賞那張照片或報導。家父也不欣賞。家父認爲競選時應有紀律管理。」

老布希後來評估其子打手的角色：「有時他做了許多提昇，」他解釋。「他可以去跟那些人說，省了我突然把壞消息帶到的煩惱。那使他風趣。」

小布希還以欺負他認爲在找其父碴的記者出名。《華盛頓郵報》曾稱老布希爲「美國政界的克里夫．巴訥斯（Cliff Barnes）」，這位「達拉斯」（Dallas）劇中的倒楣復仇者被該報認爲是「集裝腔作勢、投機、懦弱、無藥可救等無能於一身者」，小布希爲此打電話去把發行人訓了一頓。

《新聞周刊》在一九八七年那篇〈對抗無能之成因〉爲人詬病的報導中曾描述副總統被視爲無能者的「成殘因素」。說他是「駐聯合國與北京的季辛吉（Kissinger）家奴，且爲避免給觀眾『無能者』印象而精研媒體十年。他聘請聲音與電視教練，甚至換上隱形眼鏡。他愸緊的鼻音是老毛病。專家說人在壓力下聲帶會緊繃，聲音會較高且有氣無力」。根據該周刊調查，百分之五十一的美國人認爲給人「無能」感覺是布希的「嚴重問題」。

報導刊出後，作者致電小布希，而他「修理她一頓」。他說，「這是可恥的。妳花了老半天寫了篇兩頁的文章，『無能』出現了七次。她推給編輯，我說『那妳應該辭職。如果妳的新聞正義是那樣的話妳該辭職。』」

在接受「哥倫比亞廣播公司」晚間新聞的丹．瑞樂（Dan Rather）訪問前，小布希告訴其父如果瑞樂扯出伊朗軍售案，就拿瑞樂去年因爲電視台延播他的新聞而猛擊布景，導致畫面消失七分鐘的事讓他難看。

果然瑞樂一開始就攻擊副總統在軍售醜聞中的角色，並且不理會他不願多談的回應。「讓我們談談你的記錄。」他再次將話題拉回。

布希反擊說唯一瞞著的事是「我告訴總統的話」。在承認「試圖營救人質方面有過失」後，布希直視鏡頭並採行其子剛才的建議。「如果我拿你罷錄的那七分鐘評斷你一生的職涯，你做何感想？」

瑞樂隨即斥責副總統，完全沒有給他回應的機會。直到聽到執行製作大喊「卡！卡！卡！你必須卡！」到這位新聞播報員的耳機內後，他停下來了，不過許多電視觀衆以爲他唐突且粗魯地中斷了訪問。

老布希仍落後於該黨爭取提名者巴柏．竇爾（Bob Dole）與電視佈道家派特．羅柏森（Pat Roberson）時，小布希跟艾特瓦特說「要是輸了這場選戰，我們就完了。去找本陰險耍詐的書來讀，李。」

艾特瓦特於是大量買下廣告時間，多到足夠讓新罕布夏電視觀衆在初選前三天看到竇爾對是否加稅的「觀望」態度十八次。

副總統的支持者該州州長約翰．蘇努努（John Sununu）答應要讓他在初選中領先九個百分點。詭異的是結果布希以百分之三十八贏了竇爾的百分之二十九，也使自己保住了老布希就任總統後給予的白宮幕僚長一職。

在南卡羅萊那初選中，小布希與艾特瓦特擔心會敗給羅柏森。而在投票日前不久羅某親近友人另一電視佈道家吉米．斯瓦格特（Jimmy Swaggart）的性醜聞遭到揭發，斯某是羅柏森競選陣營的重要支持者。

羅某指控布希陣營故意將此人之「罪」透露給媒體以利副總統角逐提名。

接著在七月，當布希前往懷俄明釣魚，並等著於紐奧良共和黨全國大會上接受他追尋已久的加冕大典時，小布希從電視上看到民主黨人於亞特蘭大舉行的政治集會，愈看愈火冒三丈。在這場大會中，麻塞諸塞州州長杜卡吉斯麥可．杜卡吉斯（Michael Dukakis）與競選搭檔來自德州的美國參議員羅伊德．班特森（Loyd Bentsen）獲得提名。

當時是德州財務官的芮裘仕以她慣常的鋒利言詞，激勵振奮大會的代表們。「我很高興今晚與各位同聚於此，因為聽喬治．布希說話這麼些年來，我想各位有必要知道眞正的德州口音是什麼樣的，」她說，接著在全國觀衆面前冒出她現在很出名的一段話。「而且既然他是在一個他無法被任命的工作後面，他就像發現美洲的哥倫布一樣。他已經找到了孩子看護，找到了教育，」她繼續，導出了民主黨含著銀足（譯者按：出生口含銀湯匙喻出生富貴；口含銀足喻因插手而陷入苦境、或說錯話、做錯事）。」

小布希按捺住把正在喝的無酒精啤酒砸向電視銀幕的衝動。取而代之的是，拿起話筒打給艾特瓦特，下令其父的這位競選經理在一張三乘五的卡紙上列出杜卡吉斯的缺點。數日後，艾特瓦特的研究主任吉姆．品克騰（Jim Pinkerton）提供喬治七項話題：稅賦、國防、毒品罰責、死刑、波士頓港的污染、麻塞諸塞州監獄休假計畫、否決對公立學校中「忠貞宣誓」做出規定的法案。

在共和黨提名布希與印弟安那州議員丹佛斯．奎爾（J. Danforth Quayle，慣稱「丹」）搭檔競選後，兩人開始以那些議題，做爲減少或最好能大逆轉他們對手在民調中領先的那十八個百分點的方法，對民主黨對手麻塞諸塞州州長麥可．杜卡吉斯（Michael Dukakis）展開攻擊。

其中最引發爭議的廣告是黑白「司法旋轉門」，呈現一列沉默男囚的行進隊伍進出旋轉門並重回社會的畫面。旁白戲劇性地說杜卡吉斯州長對死刑投下否決票並給予「不應得到假釋的一級謀殺罪犯」監獄假，然而「許多人又犯了其他罪，像是綁架與強暴。」

那支廣告沒提到威利．霍頓（Willie Horton）這個從第十天假期獲釋起逃到馬里蘭，然後強暴了一名白人婦女並殺傷她未婚夫的黑人謀殺犯。沒必要，因爲另一支由「支持布希的美國人」這個團體製作且在電視上播了二十八天的類似廣告中有顯示霍頓的影像並指名道姓。

與司法旋轉門在意念上合而爲一的霍頓面部特寫造成了衝擊，被布希的批評者認爲該廣告徹底行種族主義之實，非常像一九六八年總統競選期間，尼克森用做種族主義者鞭斥黑人的「街頭犯罪」那個簡略表達方式。

因而沒多久另外兩支以霍頓謀殺案被害人姊妹與馬里蘭被害人未婚夫爲主角的兩支廣告也出現。這次是由另一團體贊助拍攝都有旁白告訴觀衆這些罪行都是杜卡吉斯的「自由實驗」造成的。到那時爲止，霍頓的報導已經在全國被主要的電視網新聞節目、地方電視台與電台、報紙、雜誌討論與剖析了。

芭芭拉在一九八八年十月三十一日的日記上寫：「在杜卡吉斯州長的領導下，麻塞諸塞州實施週末監獄休假。一個週末，已定罪的殺人犯霍頓於馬里蘭強暴一名婦女並殺傷一名男子。喬治以這起凶惡事件闡釋杜卡吉斯在犯罪問題上的態度及立場不夠嚴厲。然後一個支持喬治的無黨派委員會——不是我們陣營的——決定將這個例子轉變成競選廣告，使用了這名黑人霍頓一個看起來凶惡的的影像做焦點。我們被指責使用齷齪手法及種族主義。一派胡言。這廣告不是我們的，而且這事情的原貌是霍頓不應該出獄……」

技巧地，而且更重要的是合法地，布希/奎爾陣營不支持這些霍頓廣告。爲能成功提供其父看似有理的抵賴，小布希早已募集了必要的經費並協助設立了各種「贊助單位」和「政治行動委員會」來出資拍攝。雖然該陣營否認與應該爲這些廣告負責的任何人或團體有關，但也不願拒絕接受這些廣告。

後來據披露其中那個所謂「無黨派」團體「國家安全政治行動委員會」，不僅與共和黨，也與布希陣營的廣告主管羅傑·艾爾士（Roger Ailes）關係密切。至少有三名該廣告的製作人員：賴利·麥克卡錫（Larry McCarthy）、佛洛伊德·布朗（Floyd Brown）、傑西·雷佛德（Jesse T. Raiford）曾是「艾爾士傳播」的老將，顯示有勾結之嫌。

「聯邦選舉委員會」用來判定是否遵守其規定的調查發現，強烈予人可能有來自布希/奎爾陣營合作的聯想，但在它官方的調查報告上卻做不確定的表示。

喬治·布希反杜卡吉斯的這些爲人詬病的攻擊廣告對民主黨產生致命的一擊。全國選舉前最後幾週，當其父與奎爾舒服地坐看領先對手兩位數時，小布希對艾特瓦特與艾爾士評論說，共和黨「正在看百分之五十三的一般選票，相當於大贏一場『美國超級杯橄欖球』大賽。」

接著陣營受到老布希與珍妮佛．費滋傑羅（Jennifer Fitzgerald）性醜聞的影響。此人起初是其副總統辦公室的約訪秘書，後爲執行特助。

這個所謂的珍妮佛問題從一九八〇年起在老布希的每一場全國型競選中都會被重提，但這次《華盛頓郵報》值得尊敬的巴柏．伍德沃德（Bob Woodward）與瓦特．品克斯（Walter Pincus）報導團隊於一九八八年選舉前的六集連載中，藉由提出老布希於準備一九八〇年初選數年間的無法解釋的缺席，來炒熱這個布希與費茲傑羅之間有一腿的傳聞。有關這份調查報導，記者試圖與老布希聯絡，老布希迴避的「理由」，是必須飛華盛頓開歷任中情局局長會議，因此禁止與外界聯絡。伍德沃德與品克斯引述卡特時代中情局長史丹仕菲爾德．特訥（Stansfield Turner）的話，說他「從不知道歷任局長有會議，而且我在那裡時並沒有。」

「這個『大A』（通姦）的答案是NO，」小布希告訴《新聞周刊》的郝沃德．費訥曼（Howard Fineman）。其母告訴《休士頓郵報》的凱西．路易絲（Kathy Lewis）說她不高興看到長子的名字出現在與其夫對手進行的「耳語競選」有關的報導上，

「因爲他爲別人開啓了一道門（問問題）。但我了解，如果是我媽媽和爸爸，我也會大聲說話。」

在這個通姦指控成功消毒後（**至少直到下屆總統大選**），布希／奎爾在四十二州中繼續贏了百分之五十三點四的選票。不過負面的是共和黨人的選票中有一半來自他們在兩黨選票中得票率不到百分之五十五點五的州，證明了當然沒有輕易贏得的布希／奎爾大勝。

此外，共和黨在國會的參、眾兩院實際失去的席次，以及只有百分之四十九點一投票率的應選選民投票人數，都創下二次大戰以來的新低。這位新總統指望以應選選民中百分之二十九點八站在他這邊的得票數來治理國家。

該傳聞從一九八〇年起每逢布希參加全國競選時都會被提起，但這次《華盛頓郵報》報導老布希於準備一九八〇年初選的數年間曾有無法解釋的缺席。報導中說布希的「理由」是必須飛華盛頓開歷任中情局局長會議，因此禁止與外界聯絡。但記者引述卡特時代中情局長之言：「從不知道歷任局長有會議，在那裡時都沒有。」

一九八八年選戰後不久有十五名忠貞支持者開始了政治分贓。這個所謂的寂靜委員會負責判定一個人是否曾在選舉時效忠到足以在新政府擔任要職。委員會當然由小布希領軍，因此有記者稱他為「布希白宮裡的南西．雷根（Nancy Regan）」。

有次開會他提議任命家庭老友目錄大亨羅傑．侯巧（Roger Horchow）為「全國藝術基金會」主席。「因為他出錢給我老爸，」小布希回答得很眞實。但在得知此人對兩個陣營都捐過款後，小布希刪掉了他。一個向來被形容為「對關於他爸爸的事嗅得很賣力的」憤怒小布希一拳揮在會議桌上，「這個詐欺的畜牲，」他說。「把他的名字給我劃掉。」

親友咸認小布希有久遠、精確的政治記憶力。典型例子是副總統的幕僚長克雷格．富樂（Craig Fuller），他原本被看好會在新政府中出任總統的幕僚長，卻因為有影響力的小布希認為富樂對布希家人與長期友人怠慢，而無法轉換到這個有權力的工作。小布希也是心懷私意而解僱他。

榮獲普立茲新聞獎的記者理察．班．可雷墨（Richard Ben Cramer），在他關於一九八八年總統大選的書《what It Takes》中，講述了布希當副總統時富樂擠掉小布希與妻女觀看「休士頓太空人」棒球賽的預定座位一事。當時穿著防彈背心的老布希正要投出開賽的一球，長子則在總統包廂內爆發出他的怒火。

小布希永遠忘不了富樂那天是如何讓他在家人與政界朋友面前難堪的。在新舊政府權力交接期間，小布希一手搞定他父親藉由犒賞蘇努努總統府幕僚長職位，來答謝蘇某襄助新罕布夏初選勝利有功的事，有效地取代了從一九八五年就有那般頭銜的富樂。

大部分在有華盛頓有旺盛事業心的人都很驚訝小布希會決定不在新政府工作並計畫全家返回德州。「當我說不想再跟前跟後時，人們都很吃驚」他說。

在當其父競選陣營的資深顧問時，小布希常對媒體坦承有政治抱負。當德州州長比爾・克雷門斯（Bill Clements）宣布不尋求連任時，英俊、能言善道、翩翩風采的年輕布希經常受人央求出馬競選一九九〇年的州長。

小布希表示他已接受了暫時活在其出名老爸陰影下之實，但承認遲早必須闖出自己的名號，不論是在政界或商界。

此時主聯盟棒球主管彼德・烏柏洛斯（Peter Ueberroth）的一通電話來得正是時候。

打球！★★★

當「德州遊騎兵隊」的少數經營人愛德華・蓋樂德（Edward L. Gaylord）想要

從財務吃緊的油商艾迪．曲爾斯（Eddie Chiles）手中買下控股權益時，遭到主聯盟經營人的強烈反對；雖然他組人馬也表達了欲購之意，但烏某（**編按：烏柏洛斯**）認爲布希憑藉家族關係買下球隊較爲有利。

布希投資了六十萬六千元，佔有百分之一點八的股份，但在該球隊日後因其積極招商而能賣掉時，增加爲百分之十一點八。他被任命爲經營的總合夥人，享有二十萬年薪。其實據這場交易的相關人員透露主要是因其有重要資產：「家族名氣與政治影響力」。

在宣布經營權易手的記者會上，七十八歲的曲爾斯說我們認爲找到了買下球隊的『適當人選』。「重要的是球隊會留在德州。」合約上享有拒絕權但未阻撓此事的蓋樂德也出席了，他說因爲合夥人大多是德州出身的。且他對布希仍讓他保留那百分之三十三的股份很是感激。

曾形容近十年前在事業高峰時買下這個倒楣球隊是職涯中最大錯誤的曲爾斯告訴媒體賣掉「德州遊騎兵隊」是人生的重大損失。就像失去親人一樣。

「與艾迪交涉就像拆散一名父親與他最疼愛的兒子，」布希說。「等我們贏了世界杯，應請艾迪與我們一起在衣物間開香檳慶祝。」

許諾要聘艾迪為顧問性質董事長後，布希補充：「對我們而言，這不是交接而是為一個很穩定的職棒加盟注入新血。」

布希在經營權易手上順利完成了權力交接。

天大的戲弄★★★

布希一家在北達拉斯有錢人住的普列斯頓山谷住宅區買下了一戶房子，展開在德州大都會的新生活。

那年在「哈肯」薪水漲到年薪十二萬的布希描述在公司是做「合併、收購、專案」的「積極顧問」。「哈肯」也借錢給總統之子購買公司股票，使他成為公司的第二大個人股東。

當對即將到來的德州州長選舉有意思的布希消息傳出時，面對媒體的詢問，是否新擔任「遊騎兵隊」經營總合夥人這個高社會地位的職務，將提供他必要的公開曝光機會。小布希轉移所有有關其政治抱負的問題。「現在，我唯一有興趣的一場比賽是冠軍盃棒球賽」他說。

公開場合布希繼續猶抱琵琶半遮面，堅持尚未決定是否參選州長。一九八九年忙於提高已經很高的社會地位，引導媒體視之為「未表態的州長候選人」——一項他於日後政治選戰，尤其是二〇〇〇年總統大選中成功卡位的策略。

在總統大選時的競選經理艾特瓦特「向德州黨工傳話要他們鋪路」給小布希參選州長的同時，小布希則出現於許多社團活動。

在達拉斯市立花園中心的花神獎典禮上，身為司儀的布希不僅公開被當做州長候選人看待，甚至是總統候選人來談論。

其他包括布希身為名譽理事長的「達拉斯補給艦」這個援助非營利慈善團體的義工組織在內的公益團體也提供他重要曝光機會，並支持競選州長。每場活動的出席者都不斷促其出馬，但他總是禮貌表示要到最後那個夏天才決定。

電視記者訪問這位「新科總統的長公子」時，布希重複「我尚未決定是否參選」，並企圖扭轉人們總認為總統就讀長春藤名校兒子的他能買下球隊非靠家產即靠橫財的刻板印象。「我目前住達拉斯，努力自食其力。」他告訴全國觀眾。

另一場訪問中他說「德州遊騎兵」的辦公室是在小角落裡。「我過這種生活方式，不開豪華名車、不住豪宅。不需要理由，這就是我的本性。」

一九八九年二月布希在德州九大區的「林肯日之旅」活動上開始為自己展開競選

政治演說，被視爲一九九〇年州長競選的預告。他陳述相信一九八八年總統大選證明了「原則在政治上很重要，既然去年重要，當然一九九〇年也會重要」。

布希也在休士頓等地一再說是否參選州長主要將視妻女的感受而定。又是一項二〇〇〇年也慣用的故做優柔寡斷之策。

其實眞正參與決策的不是蘿拉，而是其夫與婆家。舉國皆知的一句芭芭拉的建言是：「我樂見他在八年內亦或四年內參與競選，什麼都好。」

球季開始前，從一九八三年即上任的芮裘仕與米德蘭富商克雷頓．威廉士（Clayton Williams）已宣布分別爭取民主、共和黨提名。

身爲經營的總合夥人，又是公衆人物，布希於一九八九年常出現在阿靈頓體育場，與球迷同坐看台上、排隊買熱狗、爲自己數千張棒球卡簽名、聊天。自稱「棒球瘋子」，布希正充分享受他喜愛也讚嘆的一種運動。

布希告訴好友耶魯同學貝特，「你知道，我可以角逐州長，但我基本上是傳媒的產物。我從未做過什麼事。我曾爲老爸工作。在石油業工作。但那不是一定得選上公職的一種記錄。」

一九八九年八月一日，幾乎沒有聲張或事前通知，布希走進了市中心高雅的「塔樓俱樂部」（Tower Club），並在向「達拉斯猶太聯合會」律師分部所做的演講中宣布：「關於我明年的計畫有諸多臆測存在，」布希說。

「我已經抽出時間思考並把事情劃分好了，而且此時我不是一九九〇年州長候選人。」

在被問到「此時」含意時，布希答稱他已學會在政治活動中「絕不說絕不」。承認民調顯示可能已經掃掠了潛在候選人疆土的他，舉家庭與事業牽掛爲排除參選德州州長之因。

「我們七歲的雙胞胎女兒，就剛要開始成爲小大人，」布希說。「我知道競選的壓力很大，以致在她們需要我時，陪伴在她們身邊盡做父親的職責，幾乎是不可能的。」

另外除了他也想把心力擺在「德州遊騎兵隊」上，他承認缺乏時間與渴望來從事一場成功的州長競選。「我就是沒有那種我可以看著捐款人與潛在支持者的雙眼，然後說聲，『我現在就願意給你們我非得當州長的一切理由』之感。」

當他步出「塔樓俱樂部」時，一位鍥而不捨的記者跟到電梯門口問他，「私底下問您，布希先生，若您早就競選州長，並且贏得共和黨提名，您想您會選上嗎？」

布希毫不遲疑地回答。「一定會。」

「要是衆望所歸的芮裘仕成爲您的對手呢？」

他望向遠方半晌，似乎在盤算可能將是怎樣一場有生氣又亂成一團的州長選舉。

「我會踢她屁股，從墨西哥灣岸踢到西北狹長地帶（Panhandle，**譯者按：在此有乞丐境地的言外之意**）。」

當小布希走進電梯時，這名記者問了最後一個問題：「還是私底下問的，長官。如果芮裘仕贏了，而且於一九九四年競選連任，到時候您還會是候選人嗎？」

就在電梯門關上之前，他大喊回去，「我敢打包票，老兄！」

第5章 贏與輸

「我清楚我的才華是什麼、弱點又是什麼，我不因它而受到妨礙；某些人認爲身爲布希之子有加、減分之處，我認爲是加分。」

喬治．W．布希

第五章 贏與輸

我清楚我的才華是什麼，弱點又是什麼。我不因它而受到妨礙。某些人認為身為布希之子有加、減分之處。我認為是加分。

——喬治・W・布希

獨家權利★★★

一九八九年「哈肯能源公司」在收入十億元的情況下卻仍虧損了一千二百萬元，那年布希得到十二萬元的顧問薪資與價值十三萬一千二百五十元的認股權。他也成爲公司有給職的董事，在公司的探勘顧問會服務。

雖然「哈肯」是間小公司，但願意付給高級幹部極高的股息。一九八八年公司中的其他經理領了六位數的薪資與五位數的紅利。接下來幾年「哈肯」的董事會非常大方地又多授與另外三名經理六位數的「獎勵與表現」津貼組合，即便公司已虧損了四千萬，且股東權益已經於一九八八年從七千多萬驟降到只剩三百萬元。

「其中有許多詐欺，」華爾街分析師貝利・薩鉤（Barry Sahgal）這麼說著「哈肯」錯綜複雜的巨額負債、過高的經理酬勞與「不尋常」的股票交換。

「哈肯」最大的一些債權人曾於一九九〇年一月威脅要取回這家搖搖欲墜德州小公司的抵押品贖回權，而就在同時「哈肯」突然獲得在科威特東南方二百哩的沙烏地阿拉伯附近小島「巴林」(Bahrain)的獨家且可能會大賺的鑽井權利。能源分析師都很吃驚「哈肯」這種無名小卒是如何擊敗有經驗的國際企業，尤其「哈肯」從未在國外或外海附近鑽過一口井。

「這是一筆不可思議的合約，對這家小公司而言是令人難以置信的，」休士頓能源分析師查爾斯·斯淳(Charles Strain)告訴《富比士》(Forbes)雜誌。合約載明「哈肯」有探勘、開發、生產、運輸、行銷巴林外海大部分領土的石油與天然氣之獨家權利。

所以沒有國際經驗的一家小型獨立石油公司，是如何得到一項可能大發利市的外國特許權呢？

最喜歡的兒子★★★

一九八七年老布希當副總統時，小布希曾靠家族關係到小岩城去向紐約之外算是最大投資公司的「史蒂芬斯公司」籌款。

該公司多金且舉足輕重的創辦人之一傑克森．史蒂芬斯（Jackson Stephens）於一九八〇至八四年是雷根/布希競選陣營的捐款人。

該公司又安排了「瑞士聯合銀行」（UBS）提供所需資金給「哈肯」，以換得「哈肯」股權。在「史蒂芬斯公司」介紹的交易中，酋長阿不都拉．巴克許（Sheikh Abdullah Bakhsh）這位沙烏地房地產大亨暨金融家加入了「哈肯」的董事會。「史蒂芬斯公司」、「瑞士聯合銀行」、巴克許三者都與現在惡名昭彰的「信貸暨商業銀行」有關。如同與「信貸暨商業銀行」有關連的貝斯投資「阿巴斯多」時一樣，布希又一次與那些與該銀行有關連的人做生意，該銀行被司法部譏諷為「BCC」（**惡棍與罪犯銀行**）。

當「史蒂芬斯公司」安排將喬治亞州的「博特．蘭絲國家銀行」賣給蓋斯．法榮（Ghaith Pharoan）這名被聯邦準備理事會視為「信貸暨商業銀行」秘密吞併美國幾家銀行的掛名負責人時，該公司也將「信貸暨商業銀行」的毒素帶進了美國的銀行體系。

投資「哈肯」時，「瑞士聯合銀行」是一家與「信貸暨商業銀行」合夥的日內瓦公司。根據國會審理的抄本，「瑞士聯合銀行」也藉由將現金以私人專機運出的方法幫「信貸暨商業銀行」躲過巴拿馬的洗錢防治法，也涉及佛德南．馬可仕（Ferdinand Marcos）將三百二十五噸黃金非法運出菲國一案。

一九八九年四月巴林能源部長打電話給好友休士頓石油顧問麥可．阿閔（Michael Ameen）這位阿裔移民後代，希望他能推薦一家有技術知識，並能投入全心全意的小型美國公司來開採油田，阿閔的朋友「史蒂芬斯公司」投資顧問大衛．愛德華（David Edwards）遂向阿閔推薦「哈肯」。

財務困難的「哈肯」為此一世界彼端的鑽油案開始另覓投資人。布希向八〇年代末捐款給共和黨的億萬富豪貝思家族募得款項，雙方同意「哈肯」獲利的百分之五十歸貝思所有。

當「哈肯」得到獨家權利的消息刊出後，媒體關切這筆被視為獲利可觀的交易是否有阿拉伯國家欲透過任職於這家石油公司董事會的總統長子來討好布希政府的意圖。

這筆合約造成「哈肯」與布希難堪的是「信貸暨商業銀行」與「哈肯」及阿拉伯國家都有關係，而「信貸暨商業銀行」曾使用中東的石油財富在幾個國家尋求與政治領袖建立關係。

而布希在說明此交易時卻有矛盾之處。他先說自己「很謹慎」，後來又修正爲曾經斷然反對。

公司人員說法正好相反，他們說布希爲「哈肯」將在波灣鑽油的前景神魂顛倒。或許「哈肯—巴林」交易最困擾的一面是該石油公司一名董事涉及美國中東政策討論上的利益衝突。當沙烏地富商巴克許於一九八七年依合約投資二千五百萬元時，巴克許安插了他在美國的代理人巴勒斯坦裔的芝加哥商人塔拉特・歐斯曼（Talat Othman）進入「哈肯」董事會。簽約後，歐某被加進了會見布希總統的十五名阿拉伯人名單中，然後這十五人見了白宮幕僚長蘇努努與國家安全顧問布藍・史考克洛夫特（Brent Scowcroft）——其中有一次是在伊拉克出兵科威特兩天後——討論中東政策。

內線消息 ★★★

「哈肯—巴林」簽約後四個月，國務院致史考克洛夫特一份機密報告說伊拉克總統沙丹・海珊（Saddam Hussein）正威脅其鄰國且若伊拉克進攻沙國將危及波灣石油利益。

起初「哈肯」因將在中東開採石油而使許多投資人大買「哈肯」股票。但當美國可能出兵波灣的謠言四起時，「哈肯」在史密斯．巴訥斯公司（Smith Barnes）的財務顧問在報告上對該公司的財務狀況發出警語：「哈肯」積欠銀行與其他債權人一千五百萬，且資金幾乎都投資在巴林一案上。更糟的是第一口油井要直到一九九一年才會開鑽。

一九九〇年六月二十二日布希突然拋售在「哈肯」擁有的百分之六十——二十一萬二千一百四十股——賺得八十四萬八千五百六十元的小利潤，超過它們原值的二倍半。這筆交易是在該公司損失二千三百二十萬元那一季結束前一週。在伊拉克入侵科威特前此天，於一九九〇年八月發布的季報，對於虧損和公司股票每股遽降到二點三七元，確實有這個記錄。雖然布希是「哈肯」董事會這個審計委員會的一員，也是公司於五月遭逢重整後成立的一個監督小組的成員，並與巴訥斯財務顧問公司直接共事，但是以每股四點一二元賣掉股票的布希，否認當時有任何內線消息。

布希這項一九九〇年六月的交易是內線股票交易，但證券交易委員會的記錄顯示他直到八個月後才填具規定的公開表格申報，原本照規定不應遲於七月十日提報的。布希後來堅持說有準時申報，是證委會弄丟了。

證委會爲此一涉嫌內線交易案調查了他，但此案於一九九三年十月結案，布希沒有任何罪名。

但這是否是眞正的調查或是對一名在任美國總統之子內線股票交易的掩飾，相關疑問仍然存在。充其量，這是不完整的；而從壞處想，這可能是個掩飾眞相的手段。

該調查是恥辱的，因爲當時該委員會的主席是理查・布利登（Richard Breeden），他曾是布希副總統任內的副法律顧問，並於後者當上總統後出掌該職。

此外，該會的總律師詹姆士・多迪（James R. Doty）之前是一名法律事務所私人律師，他在小布希於一九八九年買下球隊時協助合約談判事宜。布希承認他賣掉「哈肯」的股票，來償還米德蘭聯合銀行（United Bank）五十萬元貸款，他往往向該銀行借款，累積他在「遊騎兵」中的股本。

「這件案子的處理及所有決策都是由強制課的律師做的，他們都是職業檢察官，」該會強制部門主管威廉・墨盧可斯（William McLucas）強調。「由委員會及強制課進行的調查，不受政治影響力干預，而且這項調查沒有與衆不同。」他說。

根據該會的記錄顯示，布希在花了八個月的時間將他出售「哈肯」股票一事通知政府後，他也錯過了其他幾筆「達拉斯石油」公司內線交易的申報截止日期。

布希於一九八六年十一月一日收購「哈肯」二十一萬二千一百五十二股股票一事，是他的「光譜7」公司與「哈肯」合併的結果，但是直到一九八七年四月七日才提報。這項申報也揭露出他於一九八七年三月十日又買下八萬股股票。

一九八七年四月二十二日的申報中列出一九八六年十二月十日布希曾購買「哈肯」八萬股股票。布希的律師說這與一九八七年四月七日申報中所提報的八萬股股票是同一筆，但是無法解釋爲何提報了兩次，或者哪一個日期才是正確的。布希一九八九年六月十六日買下「哈肯能源」二萬五千股股票，直到一九八九年九月七日的申報中才報告。

「柯林頓與斯達給了獨立律師職務這麼敗壞的名聲，小布希應該謝天謝地，」一位該會的調查員說，「因爲一位擁有無限職權與無限預算的特派檢察官，會在布希第二任總統任期內，爲布希而安排他的工作行程。按照新建立的可彈劾違法行爲標準，來思考小布希這些年來見不得人的商業交易，突然阿肯色州狡猾威力（Slick Willie，**諷刺柯林頓的外號**）的土地交易看來就沒那麼糟糕了。」

正如柯林頓因爲自己「虧錢」，而沒有看到「白水」開發交易有任何違法之處，布希也說自己在「哈肯能源」中「沒做錯事」，反而說在巴林鑽的三口井到頭來「都是枯井」。

這件波斯灣合約的成功或失敗，不是該會的議題。的確，他們的調查著重在布希是否利用他家政治影響力的商店來「賺錢」，或者是否他憑藉獨家、非公開的內線消息做買賣，來累積大量的財富。

不像在他之前包括其父在內的其他百萬身價德州油商，小布希的財富來自股票交換及緊急財務救援，而非石油景氣與噴油井。

生命中最悲慘的一年★★★

一九九一年年尾，「哈肯」陷入極深的財務困境，而老布希仕途也不樂觀，布希離開了「哈肯」，為其父一九九二年連任訴求重拾「打手」一職。

這位打手砧板上的第一顆項上人頭是備受爭議的白宮幕僚長蘇努努，此人在幫助老布希於一九八八年的當選上，扮演重要的角色。這位出言無狀的前新罕布夏州州長在兩黨一致要求其下台的呼聲中，蘇某已為保住飯碗而奮戰了數月，兩黨有許多人指責他對於白宮在內政與經濟議題上反應慢半拍的死硬右翼觀點。

那年稍早媒體廣泛的報導披露了蘇某在為了私人理由大量搭乘空軍的飛機旅遊，

像是科羅拉多滑雪渡假，以及數次到波士頓看他的牙醫，都浪費了納稅人數十萬元。在一項以消毒此一對總統造成的政治損害爲目標的行動中，白宮在蘇某的差旅上做了特別限制。即使被限制了飛行，這位白宮幕僚長還是藉由使用一輛白宮的大型禮車載他前往一場在紐約舉行的集郵展執意挑起爭議。

蘇努努這個晚間脫口秀與政治漫畫中的嘲諷對象，在反擊說他不適任的指責上相當好鬥，一再指控記者與自由派政敵精心策劃了一個毀謗運動，好迫使他離開白宮。接著在首開幕僚長先例的一項行動中，蘇某以公然的藐視批評他的老闆，並且要求保守派共和黨人士發起一個公開的支持秀，籲請總統讓他繼續留在職位上。

「既然看來人人都正把國家與政府的所有問題都堆到蘇努努的門階上，那麼在非常想看到他留任者的人之中，我們幾個有必要加速護衛他。」明尼蘇達州的衆議員文．威柏（Vin Weber）與伊利諾州的美國衆議員亨利．海德（Henry Hyde），在於國會山莊舉辦的聯合記者會中聲明。

最後，曾迫使雷根的幕僚長多諾．雷根（Donald Regan）離開白宮職位的這位總統，要求小布希對蘇努努做同樣的事。「告訴他接受這個挫折。」據說老布希這麼告訴兒子，但公開仍對外表示支持他這位最高助理。

小布希這位蘇努努與其反抗式管理與政治的長期支持者，在感恩節前一天前往白宮探視這位白宮幕僚長。小布希直率地告訴蘇努努總統在他職位的相關事件後，已看到他的支持度下滑，需要他「像個好士兵般遭逢手榴彈而倒下」，並說他已經失去了政府與共和黨內老布希忠誠者的信任。

當布希告訴他，他需要寫一封自十二月十五日生效的辭職信時，這位幕僚長哭了，信中他為帶給共和黨的尷尬不吝惜地大加道歉。為了酬謝他，他將繼續以總統顧問的身分，保有一個內閣層級的工作機會。

蘇努努嚇壞了，趕緊擦乾他哭腫的雙眼。「這個要求直接來自於總統嗎？」他問，顯出一絲他註冊商標的傲慢。

「讓我這麼說吧，約翰。」布希攻擊回去。「我不是僱傭兵。」

幾天後，在搭乘空軍一號前往佛羅里達州的路上，蘇某將他五頁的辭呈給總統。「在政治上，尤其是在政治競選季節，在其他時候有效處理的看法可以是——而且即將要被——轉換成眞正的政治否定，」蘇某寫著。「直到近來，我深信即使這個扭曲的看法被創造了出來，我還是能增加您努力與成功的有力貢獻者。」

但這位佈好陣式準備戰鬥的幕僚長日後告訴記者說，布希「不需要人們將要瞄準射擊的額外政治箭靶，而我認爲對總統而言，我的離開是最好的。」，他說。

在一封接受辭職並措詞溫雅的信中，尋求蘇某辭職的布希寫道：「在對我們的忠誠上，你從來沒有搖擺不定，而且更重要的是，你忠誠於這個執政政府的原則與目標。你確實已在議題上幫了忙，而且你已攔截了許多朝我而來的『流箭』。」

在成功地「流放蘇努努」後，小布希回到德州監督他棒球隊春訓的準備工作，並在他的家鄉德州爲其父競選。「我認爲我可以藉由待在這裡，並與德州扶輪社一類的鄉親保持聯絡，來增加更廣大的成員。」布希在一場共和黨集會中告訴出席者，並說他的任務是「鼓舞人心的總監、檢視忠誠者、問題解決者」。

競選期間布希發現自己成了媒體攻擊的箭靶，包括過去企業的合併案、巴林鑽油合約、「哈肯」股票內線交易等。

一九九二年投票日打破三十年來投票率持續下滑的記錄，投票率是繼甘迺迪當選那年以來最高的。柯林頓以百分之四十三擊敗布希的百分之三十八當選總統。

老布希連任敗北在其子心中留下一道難以抹滅的刻痕。「一九九一年十一月到九二年十一月是我生命中最悲慘的一年。」小布希日後承認。

布希體育場★★★

一九六四年爲一支小聯盟加盟隊而建的阿靈頓體育場，從一九七二年起即爲「德州遊騎兵」的家。

自布希與合夥人買下「遊騎兵」與該體育場後，就立刻商量建造新球場。該市市長害怕失去球隊，而於一九九〇年十月與布希及其合夥人達成由提高當地銷售稅零點五個百分點，來提供他們一億三千五百萬建造一個新棒球體育場的協議。

根據合約規定，總成本九千萬中「遊騎兵」只需出資三千萬，就可以在未來至少十二年中從每張門票中分得一元。餘款來自利息收入與之前發行的公債。體育場由「遊騎兵」經營。布希與合夥人每年付租金與維護費共計五百萬元給該市。等到那些付款達到六千萬時，「遊騎兵」便可擁有該球場建物權狀。

一九九一年一月市民投票中，有百分之六十五壓倒性地贊成增加營業稅的決定。

此外布希團隊於一九九一年四月藉由布希成功的政治運作使德州議會通過成立可發行公債的「阿靈頓運動中心發展局」。

該局成立後，在鑑價師鑑定該筆土地價值在一百五十多萬後仍執意以八十一萬多元向地主強制徵收，造成地主控告布希團隊勝訴，含利息在內法院判賠地主共計七百二十萬元。

布希堅持不認錯。諷刺的是日後已是州長競選人的布希強力主張政府不應非法侵佔州民的土地財產權。

就在正式宣布角逐共和黨提名前些天，布希帶著初為人父的驕傲，眉開眼笑地帶領記者參觀快要落成的「遊騎兵」新體育館：「阿靈頓棒球場」（布希命名的）。

他高興地指出高聳的紅磚與粉紅色花崗岩牆面，兩者使得這座體育館在外觀上呈現新古典風貌，和州議會大樓類似。孤星、德州長角牛，和棒球裝點著入口通道。棒球場的內部包括無廊柱的對稱設計，很像堪薩斯州「箭頭體育館」；較上一層天花板上白色的表面，使人隱約懷想起「洋基體育館」；還有一個人工記分板可滿足渴望有懷舊味道的球迷。可容納五萬二千名觀眾入座，在中外野並有一個野餐區，由州花矢車菊組成的大型「T」字裝飾。

「這就是我可以思索偉大思想、編織偉大夢想，並且讓某樣事情達成的證明，」布希告訴記者。「政治上，這代表我能編織一個夢想　並且建造某樣會維持很久的東西。」然後他手一揮，指向體育館拱門外的一個就快蓋好的人工湖，他說，「而且當所有在奧斯丁的那些人們說，『他不是永遠一無貢獻』時，嗯，這就對了。」

在前排座椅結束這場參觀，站在「遊騎兵」選手休息區後面，他輕拍他一張可以提供棒球場遼闊視野的墨綠的個人化座椅椅背。「你想當州長的話，要留一張像這樣的座位，」他說，「但我準備參加一場新比賽。」

第6章 家族事業

「它就在血液中！一旦你的家人投身政治，你見它如何運作，然後你會依照那個方向移動。」

道格．漢訥

第六章　家族事業

它就在血液中。一旦你的家人投身政治，你見它如何運作，然後你會依照那個方向移動。

——道格·漢訥，小布希摯友

現在仇恨顯然遠超過持續的歡愉。

——拜倫

認錯人★★★

縱使有著自由派的形象，芮裘仕仍於一九九〇年在保守派的德州贏得了州長的寶座，主要是因爲她共和黨的對手米德蘭百萬富翁克雷騰·威廉士（Clayton Williams），以關於強暴方面的粗野評論，和競選最後幾天的其他失態行爲，疏離了數千名選民，而自我毀滅。

以銀灰色蓬鬆頭髮、深藍色套裝、詼諧樸實作風，芮裘仕州長儼然成爲德州的首席女推銷員，在一個以盛產多采多姿政治人物聞名的州裡，是個能見度高、色彩鮮豔的精靈。

儘管她獲得的支持率從一九九二年開始，已從百分之七十三降到六十三，但根據一九九三年的民調顯示，芮裘仕是三十年來最受歡迎的德州州長。看見自己父親在波灣戰爭後支持率遽降的小布希，卻認爲芮裘仕在政治上易受責難，尤其是在民調顯示她的執政記錄是重形式、缺乏實質內容後。

在第一任任期中，芮裘仕已不負所望給予德州人一個全州型樂透，與隨之而來的無限財富的夢想，她並實行爲窮人子女提供免疫的計畫，而爲了使暴力犯在牢裡更久，她並張羅該州州史上最大規模的監禁架構議程。爲了試圖多元化德州政府，她比前任的州長們任命更多婦女、黑人、西裔人士、直截了當地包括同性戀者，加入制定政策的州部會與州委員會。

州長的執政記錄也顯示她於在任的第一年，簽署了一項二十七億元的加稅案——在做出不必加稅的競選承諾後——並監督州預算做出百分之三十的增加。她簡潔扼要地表示支持全州型學校地產稅，但在學校負責人與學校董事會面前突然撤回支持，而且她支持一項選民徹底反對的學校財務憲法修正案。她也無法堅持完成把學校教師的薪資增加到符合全國水平的承諾。

「安還沒有被定義得很夠，」布希告訴新聞界。「她已搭了順風車。我尚未讀很多關於她無法達成教育議題的相關評論。但她有點在逃避。所以想要爲她下一個定義，可能需要一場競選。」

「你們知道，山姆．瑞奔（Sam Rayburn）常說任何一隻公驢（**譯者按：此字有蠢人之意**）都可以踢倒一間穀倉，但重建一間則需要一位木匠。」芮裘仕引用來自德州有力的傳奇人物，前美國眾院議長的話回應。

當決定參選州長時布希說他「沒做民調。我沒有坐著聽取一群人的意見，或是做環州之旅。」但其實那正是他在做出正式宣布以前，於一九九三年夏天所做的事。受到民調顯示有百分之四十二的德州人考慮在下屆州長選舉時選出新州長的激勵，布希用了三個月時間「詢諮許多政界人士或個人朋友」，他們建議聚焦在四項受歡迎的議題上，做一場近乎完美的競選：有限的政府、學校的地方控制權、家庭觀念、個人責任感。

布希的心腹也禮貌但堅定地提醒他外界對其父的一項指控，就是似乎想要當總統，勝過真正想要推動一個議程，他們並建議他藉由積極推動一項州長的議程，來消除相同的疑慮。

當德州人揣測布希會挑戰芮裘仕競選州長時，他只說，「我現在有很多很棒的事要做。如果政治來了，而且有個職缺，那挺好，但我沒有一個比賽計畫。」

然而到了勞動節，他已經在私下見過另外兩位共和黨知名的潛在候選人後，想當然爾地在這場選舉中創造了一個職缺。此二人是共和黨行動主義者暨休士頓石油商人羅柏·墨斯巴雀（Rob Mosbacher），和一九九〇年競選州長不成的羅斯·裴洛（Ross Perot）前同僚湯姆·路斯（Tom Luce）。二人告訴記者他們突然放棄選一場「與長期好友對抗的艱苦、昂貴選舉」。父親曾任布希總統商務部長及一九九二年老布希競選組織主席的墨斯巴雀說，共和黨的州長競賽「形同結束」，因爲極感興趣的潛在候選人了解到小布希是「以姓氏身分證的極大優勢」、數年來對共和黨的服務、和一個潛在財務支持者的網絡來展開競選。

回應痛貶他缺乏政治經驗的民主黨人時，布希說他是一名前石油商人，也是「德州遊騎兵」這個使他能「提供本州州長必備強勢、獨立領導能力」的百萬年收入企業之現任經營總合夥人。他還問有誰說過一九三〇年代，挽救德州油田不被掠奪的商人州長羅斯·斯德林（Ross Sterling）沒資格競選。或者任何人告訴過可說是六〇年代最有夢想的律師州長約翰·崆諾立（John Connally），說他因爲之前沒有當選過公職就不適合。

布希的批評者立刻怒斥回去，說當一名職業棒球隊的少數股權經營者不是要人選他的理由。他們斷言經營一家在大都會地區的獨佔事業不是全世界最吃力的工作。

一九九三年秋，沒有人眞相信布希能夠贏過有著失控般人氣的芮裘仕。政界自命權威者，以及許多他自己家族的人，都看好傑布這個比較靜、比較有大腦的弟弟，傑布已經在佛羅里達州宣布正在和作風民間化、難對付的現任州長勞敦・曲爾斯（Lawton Chiles）同台競選。

「安在一九八八年藉著揶揄家父，使她自己及她的口舌出了名，」年輕的布希告訴他的顧問。「她以那次得到的注意力爲基礎，在一九九〇年展開一場成功的州長競選。但是若她想要得到第二個四年任期，她最大的路障將會是另一位喬治・布希。」

一九九三年十一月八日，距離大選日整整還有一年的時間，四十七歲的布希在休士頓一家飯店，當著一群約三百名的熱心支持者面前，正式展開他的競選，這家飯店距離他明顯缺席父母親的住宅只有一哩遠。（雖說前總統是在波多黎各，芭芭拉是在家裡面有個「先前承諾」好要向小朋友講故事的電台訪問進行，但其實這對夫婦是稍早應他們兒子「要求」，避免出席他的正式宣布會，這樣一來「他們才不會搶走鎂光燈的焦點」。）

「我不是因爲是喬治・布希的兒子而競選州長，」他在開始他角逐共和黨提名的五天二十七市之旅的第一站聲明。「我是因爲是珍娜與芭芭拉的父親而競選。人們問我爲何放棄棒球，爲何我要把妻子與兩個女兒置於競選的無情檢視中。那些人問是否有爲了家人而參選的任何相關事項。我的答案是我對他們的關心是我爲何會在這裡的原因。我們的教育制度沒有提供孩子他們需要的東西，我們的司法制度沒有把刑犯關在牢裡，我們有一個不斷增加的地產稅，而且我們是全國成長最迅速的州政府，」他繼續說，並不斷複述著他在四個月前寫的一篇演講稿。「我想爲那情形做點事。我提供給德州百姓的是一個當前的變革。它是希望、改變、想法的變革。唯有藉由負責任的新一代領導能力，才能使它展開。」

布希注意到與「一位深受愛戴的人」角逐將是艱難的，不過他說，「我們的領導者應該由成果評斷，不是只靠娛樂人的個性或小聰明的媒體雋語。」在聖安東尼奧與奧斯丁的各站，他輕易承認「這個問題變成我能治理德州或我能在德州拿下我想要拿下的地方嗎。答案是，『一點也不錯。』我經營過企業……幾乎住遍全州，不論城市或鄉村，我了解本州。在首都冒險過。我曾提供工作給鄉親。做一名小商人，我經歷過美好與糟糕的時機」。

在他二十七個德州城市的拜會中，布希不斷遭遇被認錯的窘境。一位電台播音員告訴聽衆：「前總統布希展開他的州長競選活動……。」在布希剛演講完的飯店外有人聳聳肩，好似在說，「噢，他確實有執政紀錄。」甚至《休士頓編年》也將關於小布希的報導誤植上其父的照片。

這位較年輕的布希好脾氣地對此不以爲意，說與他名字相似的父親在總統大選時在德州勝選過兩次。隨即轉爲嚴肅，他是要說，「我想做的是集中焦點在我想於選舉時討論的政見，而不是花全部時間處理我是喬治．布希或其子的話題。」

表現出想要立即與她意料中的這位共和黨競逐者交手的芮裘仕，迫不急待抓住每個機會，想要告訴選民這對父子相似關連性，她說，花了德州人那麼多錢的聯邦財稅負擔，大部分都是共和黨主政白宮時制定的。

隨著戰線日漸涇渭分明，布希面對的挑戰明顯是要釐清他與前總統布希的不同。誠如一位前競選顧問所言，「他對於其父是誰與其父所代表的意義極度引以爲傲，但若要擊敗芮裘仕，除了只是當個前總統之子，他還必須讓選民知道他是誰，以及他若選上州長後將做的事。」

選前秀 ★★★

雖然芮裘仕與布希分別被公認爲州長候選人，但是兩人是到一九九四年三月八日才眞正得到黨提名。

選民與媒體都希望兩位候選人能進行一場乾淨、以議題爲導向，而非以情緒化言辭或人身攻擊爲本的選舉。然而二人大搖大擺地出場，使德州人很難明智決定由誰來領導德州這未來的四年。

「我們已從隨西德州原油價格波動而起落的經濟，蛻變成多元化的經濟，那是強韌的、那是可以帶動國家經濟復甦的，」芮裘仕說，還表示德州「工作人口比就職前多出四十五萬六千人」。

布希的團隊以「比較芮裘仕州長的辭令和實際政績」爲題的傳眞反擊，描繪出德州絕望的未來。「今天德州失業者比她就任時更多」，指出一九九一年一月有五十三萬多人，一九九二年年底已有六十二萬多人。

在選民頭號關心的犯罪問題上，芮裘仕吹噓「我們對被害人提供支援與關懷，而且我們通過一項反猖獗法案、修改刑法、加重暴力犯罪者最多刑期達一倍、加大監獄容納量一倍、降低假釋率至三分之二，這個結果讓我們看到犯罪率十年來首度下降。」

布希陣營以根據公共安全部的統計，來說明整體犯罪率固然下降，但暴力犯罪率比她就職前高出百分之五點八。布希的一位發言人提出疑問：「問問德州人他們在購物場附近、街上走覺得更安全了嗎？答案是不。」

很多擔心選情的共和黨有力人士問布希爲何很少直接與芮某交戰，反而透過代理者發言或發布新聞稿。

「透過代理者的好處是，」布希的一位黨工說，「我們可以說對手糟糕之事並加在其政績上，而我們的候選人不用負責。」

芮某也成功地將德州共和黨超保守的政綱與布希畫上等號。在全州的各場演說中，她說共和黨的議案包括：要求撤消最低工資、反對雙語教育、支持立法讓民衆攜帶可藏式武器、反對布希爲其球隊蓋阿靈頓棒球場時得到的那種公家的融資。當芮某批評布希拒絕在共和黨政綱裡的特定議題上採取堅定立場時，布希勉強承認他尚未讀過該黨議案，但原則上他卻爲之背書。

「若你不敢在諸如政黨辭令這麼簡單的事情上採取立場，」芮某說，「那麼你面對州長桌上每天的艱難議題時，要如何做決定呢？」

在共和黨關起門討論時，一些黨內人士抱怨布希面對火力全開的芮某時表現出愚蠢的遲疑。於是這位州長候選人在向來於勞動節開始的秋季競選季之前三週展開了最後衝刺。

「都是選前秀，」共和黨政治顧問麥特．樂斯（Matt Broyles）說。「當眞正比賽開始，才眞叫惡劣。」

唱衰先生★★★

雖然布希聲稱該陣營的第一支廣告會著重在對德州人有重要性的議題上，並且不會揭人隱私，但是還是出現在停車場被槍抵住的婦女，以及警察爲一名男孩屍體覆蓋白布的畫面，搭配布希的聲音說德州已被視爲「全國第三大危險的州。當然，因爲過去三年中有七千七百名罪犯已經提早從監獄釋放出來。」

芮某陣營很快反擊說該廣告刻意扭曲她對打擊犯罪所做的努力，說那七千七百人，包括了三千名非暴力犯與四千七百名，因爲在一九八七年與九一年強制監督管法修法前判刑，不受假釋程序約束而不得不釋放的罪犯。還說一九九〇年前任共和黨州長執政時有三萬八千名刑犯提早獲釋。

從布希那支負面的廣告在全州電視上播映後，他就不斷攻擊這位民主黨敵手，指控她執掌的政府與德州教育處降低公立學校的考核標準，以便讓它們在選舉這一年成績好看些。

在東北德州一場支持者大部分爲教師的造勢會上，芮某回應布希的批評。「這間房間內坐著的許多人都更適合當州長。只不過你們沒有一個出了名的名字，」芮裘仕說。「你們只是像條狗一樣盡忠職守，把學生成績提昇，學生看起來更不錯，但突然一個蠢蛋跑進來說這都是騙人的，他也不爲你的表現喝采，」她繼續。「從他來到後，德州事事都糟糕。這次選舉還是那些老招數。一些人進來找麻煩，從不向辛苦的教師說聲感謝，他一生中從未就和德州未來息息相關的主題表達看法或意見，直到他走到公關室才說一說，而這都只因現在他想當州長。」

受到認爲芮某「蠢蛋」一詞太過嚴厲且自降格調，德州選民愈來愈欣賞布希的機智與敏銳的民調結果激勵，布希陣營乘勢推出了一支新廣告。背景是三幕犯罪情節，布希在廣告中說，「我們德州有嚴重的治安問題，因爲沒有把暴力罪犯關在牢裡。強暴犯或侵犯兒童者應該不予假釋。我們需要終結罪犯強制提早釋放制。」

芮某惡稱布希爲「唱衰先生（Mr.Doom and Gloom)」並呼籲停播這些廣告。

在幾場競選活動露面時，布希對記者問到他對數家他身爲有給職董事的公司之虧損應負多少責任時，都採歸避的態度。

「布希陣營故做神聖地在電視上連播六週攻擊在任州長政績的廣告，卻在她檢視其生意背景時發怒，」共和黨策略人員布洛樂斯說，「布希在那些他商業履歷上列名的所有他獲得寶貴領導經驗的公司中，有參與決策過程或只是個傀儡？他試圖說兩者都是。一下告訴德州人要因爲他有企業經驗而選他，一下又在被問到生意往來者時充耳不聞。」

雖然所有的公開民調與陣營內部民調數據顯示州長對布希職涯的攻擊無法吸引選民注意，但州長持續不懈，幾乎像是選戰中居於劣勢的挑戰者般。一個十月十九日缺席投票日首播的電視廣告，以一張布希的照片開始畫面，接著是關於他賣掉八十多萬股「哈肯能源」股票的新聞標題，還有芮某認爲「證券暨交易委員會」的內線交易調查記錄黑箱作業的論點。

布希也拒絕公布可以解釋清楚「哈肯」交易與使他成爲「德州遊騎兵」棒球隊經營人的交易，兩者之間的一九八九年與一九九〇年納稅申報單。這位共和黨候選人選擇只公布他於芮某任內的申報單——一九九一、九二、九三年。

布希不理會要他公布更早年納稅申報單的要求，並且反而將選民的注意力轉向芮某的長期友人柯林頓的身上，柯某於一九九四年在德州很不受歡迎，即使民主黨人也試著悄悄疏遠這位總統，並且避免重蹈一九七八年的覆轍，就是當年卡特的沒人望使該黨付出「重建時期」以來首度失守州長官邸的代價。

接下來幾天，在他們唯一一場全州辯論前，布希在每一站都提醒德州人芮某是那年提名柯林頓競選總統的全國委員會主席。「柯林頓在選民之間，象徵著一種我們認為可以利用的反政府情緒，」一位前布希陣營策略人員說。「我們認為選民對柯林頓的不悅，將促成那些通常只在總統大選中投票的共和黨選民去投票。即使這是期中選舉，柯林頓實質全國化了這場州長選戰，因為他已經疏離了這麼多德州人。」

在候選人唯一一場面對面的較勁中——大選日前三週於達拉斯舉行的一場六十分鐘的電視辯論——芮某與布希循環使用他們人盡皆知的競選主題。芮某再度試圖刻畫她的共和黨挑戰者為一個生意失敗，以及運作州政府太嫌稚嫩的人；而仍舊為內線交易、逃避兵役、兜售影響力替自己辯護的布希，則尖銳地提起芮某對總統的忠誠。

最後他強調自己與在任州長的「極大差別」。「我是保守派候選人，她是自由派候選人，」他說，並表示芮某會「努力工作以便看到」柯林頓一九九六年選上總統，

「我——當然——不會。」

在電視辯論後，全德州談話型電台都湧進認爲布希似乎不斷污衊安並污衊德州的憤怒民衆扣應。一位達拉斯聽衆扣應WBAP電台：「布希競選的眞正理由，終於從昨晚的辯論得到說明。和爲州民權益著想無關，與一九九六年的選舉有關。他在結論時沒有對於如何在全球化經濟的未來中領導本州表達關切，反而暗示將在一九九六年與柯林頓同台角逐總統。布希角逐州長是否別無其他理由，只是爲了替其父上屆總統大選敗北復仇？」

而在投票日前不到一個月時，另一名從過去選舉來的復仇者出現了：裴洛。

遍體鱗傷 ★★★

在上CNN「賴利．金時間」時，裴洛這位一九九二年的無黨派總統候選人呼籲美國人要在期中選舉時給共和黨領導國會的機會，但說德州人應繼續選芮裘仕州長，他形容爲：「選戰中最好的一匹良駒」。

布希的父親一九九二年總統大選時被裴洛百分之十九的得票率所傷。在數月前布希便得知裴洛將爲芮某助選。

最後布希陣營所做的民調顯示裴洛的背書只造成不到百分之十的受訪者比較可能選芮裘仕。甚至只有百分之二十七點一的受訪者說他們認同這位前總統候選人。

雖然裴洛在德州非常不受歡迎，但柯林頓更是不受人敬重，主要是因爲他與州長長期的友誼，更重要的是於一九九二年打敗至今仍受許多德州人看重的老布希。當這場耗時且辛辣的州長選舉於投票日當晚落幕時，布希也奪下州長寶座。反柯林頓情緒在各選區蔓延的結果幫助了共和黨四十年來首度同時成爲參、衆二院的龍頭，且在民主黨當家的新墨西哥州、紐約州、德州州長選戰上告捷，領軍州議會。

布希以百分之五十三點五擊敗芮裘仕的百分之四十五點九，成爲重建時期以來第二位共和黨德州州長。「德州人夢想到的，德州人必能辦到，」慶功晚會上，布希如是告訴興奮的支持者。「當選的今晚是殊榮的時刻。伴隨而來的是重大的職責。德州已準備好迎接新一代的領導，」他繼續說著，補充說他會「主動接觸」那些未曾支持他的人，努力「領導，而非分裂」。

分析這次選舉結果發現，雖然芮裘仕主政期間整體暴力犯罪率下降，但布希他治安敗壞的訊息操作爲重大議題。儘管德州學童考試成績進步且輟學率下降，但布希成功地將選民的注意力導向教育改革。

民調也顯示約有百分之五十六的德州男性選民投票給布希，因為男性在治安與賦稅上比較認同共和黨的嚴刑峻法。神職人員中約有四分之三的人投票給布希。

在佛羅里達州布希的胞弟傑布——老布希最早對政治生涯有興趣的兒子，以此微差距敗給了曲爾斯。布希兄弟希望在全國最大的兩個州主政的夢想幻滅。

布希發表完當選感言後，步上飯店樓上的套房並打電話給父母。「不過，我有些遍體鱗傷。」小布希承認。

大約在這時候，芭芭拉拿起了分機，反覆說老布希已經說過的話。她的聲音斷斷續續，然後她很快結束對談。

「她對於傑布的敗選沮喪透了，」老布希說，聽起來並帶著歉意。「她說傑布他會很難受。」

「這是一場硬仗，但我們很欽佩你將選戰的焦點朝向一個正面的、向前看的訊息，」老布希說。「你打了美好的一仗並堅守在議題上，使你母親和我非常非常非常驕傲。」

就在家族的政治領導權從一代更迭到現在出盡風頭的另一代時，布希點了份花生醬木莓三明治送進房間。

第7章「安不在這裡工作了」

惡惡好善，在城門口秉公行義。

阿摩司書第五章第十五節，芮袞仕將此一聖經名句留在州長辦公室，給繼任者布希。

第七章 「安不在這裡工作了」

惡惡好善，在城門口秉公行義。——阿摩司書第五章第十五節，芮裘仕將此一聖經名句留在州長辦公室，給繼任者布希。

必要地，立法乃折衷之務。

——偉倫·G·哈定總統

凡德州人夢想到的，德州人必能辦到 ★★★

一個無雨的陰天，正午剛過，喬治·W·布希在議會大樓南面臺階宣誓就任第四十六任德州州長，這已是布希家族連續三代出任政治要職了，也是牧師比利·葛洛漢在祈禱中公開感謝的一項記錄。

「感謝上帝安排的偉大傳統，引領新任州長就任，」這位斯文的傳道人禱告著。「感謝上帝引領其祖父（普列斯考特）出任美國參議員，其父出任美國總統。感謝上帝引領其雙親爲大家樹立道德與精神典範。」

布希的雙親與他一同站在台上，還有妻子蘿拉與十三歲的雙胞胎芭芭拉及珍娜，以及新州長的四名手足，包括「看來與有榮焉，但也可能因爲些許感傷而若有所思的」

傑布在內。

前總統與第一夫人亟欲將大眾焦點集中在愛子身上，而他們也大致辦到了；直到該州參院龍頭民主黨副手布拉克在自己第二任期就職致詞時向老布希致敬。

「身為一位父親，我明白您所擁有的無上榮耀，」這位德州的政治名人說，「身為美國人，我感謝您為德州與國家所作的奉獻，以及為世界和平所作的努力。身為德州人，我歡迎您回家。我們很高興您大駕光臨。」

前第一家庭頷首接受了這番奉承。距離上次布希全家在一項就職典禮上公開亮相已經很久了。前兩年，他們僵著臉坐在華盛頓首府出席比爾．柯林頓的就職典禮。

當這位前總統拭淚擁抱一位孫女時，有些以前的敵對人士出現在觀禮群眾外圍。以「地球優先！」與「綠色和平」會員身分出現的抗議者拿著寫有「存款與貸款」、「中情局」、「我們為布希之罪付出代價」、「喬治．布希是個謀殺者」的旗幟吶喊著。

家人的出席也使新州長情緒激動。他的聲音近乎嘶啞。就在老布希夫婦前來分享榮耀之際，小布希脫稿將雙親加在他感謝出席的名單中。群眾的不斷喝采似乎暖化了已將宣誓典禮冰封起來的濕冷空氣。

演說一開始，布希州長誓言與德州議會議長賴尼、副手布拉克，以及民主黨主控的德州議會進行兩黨合作，致力改善學校、改革福利制度、降低青少年犯罪、修訂該州民事訴訟體制。

這位曾在一項指陳德州問題上刻意突顯芮裘仕所領導的州政府不適任的競選活動中擊敗她的共和黨人，如今卻有風度地稱讚這位前州長。「我前一任的州長當得好，」布希說。「她所樹立的典範振作了那些與逆境搏鬥的人們，給予那些懷疑機會是否受限的人們希望。今天，正值芮裘仕州長卸任之際，德州非常感謝她。」（**這位卸任的州長堅守德州傳統未出席就職典禮。**）

觀禮群衆不及四年前芮裘仕宣誓典禮時的一半。值此共和黨人歡欣見證二十世紀共和黨第三度榮膺州長之際，群衆似乎有些意興闌珊。

大量借用競選講詞的布希州長全力闡釋「恢復政府的適當角色」，提到第十憲法修正案可使各州擁有可無需經聯邦政府特別授予的一切權力。「該項修憲的精神在近數十年來已被遺忘，我向各位保證，它不會再被遺忘了，」布希向群衆的喝采承諾。「身爲州長，我會運用我所能支配的各項資源使在華盛頓的聯邦政府正視這個事實：德州人有能力治理德州。」

他說，本地鄉親也應更踴躍提出對學校與社區最有利的看法。「藉著信任德州人，本州更能全力善盡主要職責：完善與安全的街道、優良的學校、幫助那些無法自助的人、尊重私人財產。」

州長說他察覺到藉著從政府釋放更多自由給個人時，「我們冒著可能會失敗的風險，不過最靠近人民的錯誤往往是那些最容易改正的錯誤」。

爲了達成此一願景，布希呼籲德州人要回歸六〇年代初期的價值觀。「過去三十年我們文化中的個人責任感已被集體犯罪給牢牢地取代。這必須終結，」他主張。「德州追尋的新自由必須與個人的責任感搭配。我們社會的未來就要靠它。」

就職演說終了時，他喊出當日活動的口號，「我們這塊特殊大陸的歷史告訴我們：凡德州人夢想到的，德州人必能辦到。」

之後，在企業贊助的諸多就職慶典之一，來自達拉斯的油商傑克・艾倫（Jack Allen）以典型的德州口吻評論新州長的承諾時說：「此刻布希的演說聽來像是本州的新時代就要開始，」他在議會大樓西面草坪上舉辦的野餐會中邊嚼著肉片邊說，身著牛仔衣的賓客與西裝革履的議員穿梭著。「不過正如西德州老牛仔們過去所言，『要是做像說一樣容易，我們就會在日落時快樂的在工寮中了。』」

權謀巧術 ★★★

十九世紀的德州憲法制定者具有強烈動機來創造這個前全國最積弱的州長辦公室。當時重建時期剛過，德州人正痛苦承受急進共和黨（Radical Republican）州長愛德蒙·戴維斯（Edmund J. Davis）的治理，他執掌下的政府是美國歷史上最濫權、高壓的州政府之一。

在戴維斯的要求下，議院中大多數的激進共和黨議員通過了一連串的獨裁法令，並賦予州長宣布戒嚴的權力、任命市長等數百名官員的權力、以及設立鎮壓警力來迫害民眾的權利。德州人最後終於在一場選舉中判他出局。

一八七六年審慎的憲法作者明確地不賦予州長辦公室強勢領導的機會，反而賦予副州長辦公室相當多對立法與政府運作的影響力。州長的主要權力是否決立法、召開及擬定特別議事會期的議程，而且在議會同意下可以任命數百位各政策制定會的成員。但即使有任命權，州政府仍掌控在幾個由其他獨立選出的、不與州長持相同目標或政治觀點的官員。

他們最重要的領導機會是不會在憲法中詳細說明的。憲法所賦予他們的是根據辦公室的道德高度、他們的高辨別力、還有——對很多德州人而言——州政府已被州長擬人化的事實。這給予了州長一個無價的公共論壇、一個一流的講道壇，從中提出點子、定義並推銷他們的未來觀給選民、在議事上帶來輿論壓力以促使州長研擬的議案立法。

當第七十四屆德州議院於一九九五年一月召開一百四十天的會期時，布希州長告訴議員他是由一群認爲學校不夠好、犯罪率太高、律師賺錢太多、福利太馬虎的選民選出的。不知是否是巧合，向保守靠攏的議會在副州長布拉克與議會議長賴尼的領導下已經在爲管理這四項訴求的法律上，做了一次大翻修了。

藉由讓自己表現得像個求知若渴且彬彬有禮的學生，布希設法與這兩位最有權力的民主黨人士契合，以確保他的優先計畫能通過議院這關。在他們第一次會議時，議長尖銳地告訴新州長，「布希先生，我們可以讓你成爲一位好州長——假使你讓我們這麼做的話。」

在議院會期中，布希不時走進他們的辦公室討論政策——做爲反對他們必須到州長官邸拜訪他的議員們表示——稍微不拘繁文縟節爲布希帶來了加分。

「我們意見分歧，但你看不出來，」州長說到與這兩位立法人員的會議：「在議院和行政部分的領導之間，創造好的公共政策的方法，是要讓我們私下會議在發生的歧見時總是能暢行無阻，」布希解釋。「要破壞關係的方法是洩漏事情，並且不尊重私底下的秘密會議。」

新州長也積極向其改革方案需要拉攏的其他重要的民主黨議員頻獻殷勤，希望得到他們的支持。爲了回饋他們，他拒絕在下次選舉中爲他們的共和黨對手競選。

他一一造訪了至少五十位衆議員，包括二十一位民主黨議員在內，還有近半數的參議員。下午他常出其不意地造訪議員在議院的辦公室。此外他在官邸與議員進行私下的早、午餐，來溝通意見並在選民的法眼所不能及的地方，搓掉某些計畫案。

他的名氣和頭銜讓人不得不尊敬他，但當他進去時，他抱持的觀念是態度與舉止上要做到「只是這些傢伙中的一位」。他隨和、友善、眞誠、不複雜。「捲起袖子自己來」型的不分黨派州長。他只視他們爲德州人。

兩黨議員說他們喜歡這位新作風的州長，並說他比前任州長易於親近。而在公共政策上反對布希的民主黨議員稱讚他願意傾聽。

雖然州長在他的第一個議院會期中在幕後與議員攜手共事，但他在一九九五年簽署的第一份法案還是引起了軒然大波，讓他考慮在第一任任期結束後退出政壇。

鎖好、藏好與「全國來福槍協會」★★★

十六世紀著名的義大利政治人物暨歷史學家尼可勒・馬恰衛理（Niccolo Machiavelli）在舉例說明自由與私人武器同時存在一國之中並非意外事件時，曾說瑞士人是「……歐洲最武裝也最自由的人民」。前總統詹姆士・麥迪遜（James Madison）在反駁一位歐洲友人對美國的悲觀看法時吹噓「不像你們政府，我們不怕老百姓擁有武器」。歷史系畢業的布希喜歡在辯論老百姓是否有權保有且攜帶武器時，引證以上兩位歷史人物的話。

這在一九九四年州長選舉時尤爲實情，當時這位共和黨候選人爲可藏式手槍議案背書。一九九三年德州議會曾通過由一項不具約束力的公投來表決州民是否應獲准攜帶隱藏的武器。當時的州長芮裘仕否定這個法案。然而布希後來說要是他當時是州長的話會簽署此案，並承諾當選後「即使沒有公投」也會強力支持另一個類似法案。許多德州警官爲此深感憤慨。

前德州議會議長吉布・路易斯（Gib Lewis），後來是「全國來福槍協會」高薪聘請的說客，他告訴媒體具影響力的該組織反對公投與責任險和心理測驗的提議。

私底下布希州長「強迫」議會的主要議員反對任何保險與測驗，還說「我們於十一月八日有過一場公投了，」意指他打敗芮裘仕與支持可藏武器提議的其他州官員的當選。

新州長還說公投是不正當的，因爲他認爲手槍的禁令違憲。在和副州長與支持手槍法案的議員傑瑞・派特森（Jerry Patterson）計畫會期時，他力陳保有及攜帶武器是美國自由之光。

即使數個警察組織、關心的公民團體，以及由市長組成的打擊犯罪聯盟認爲會威脅到大衆安全，但該法案還是於一九九五年州議會會期的前幾週通過了。

有些德州人質疑爲何允許企業主可以選擇性地禁止攜槍進入他們的建築物中。並問爲何有可藏武器許可的奉公守法德州人要被迫將手槍留在停在二、三個街區遠的車中，萬一車上手槍遭竊多危險？還有人問若領有槍枝執照的婦女在暗處遭歹徒侵犯時，鎖在車上的槍枝能有多少保護？

大部分的民調結果是贊成此案者較多。但是在一九九五年四月三日在聖禮節（Corpus Christi）這個城市發生了掃射慘案後引發新爭議，更使議會爭論不已，最後做出改變。

而在這件事發生的前一週也有葛萊美音樂獎得主塞琳娜・昆塔妮拉・培瑞仕

(Selena Quintanilla Perez)被其歌友會創辦人射殺身亡一案。

聖禮節城謀殺案後民調顯示贊成與反對此案的民衆各佔一半，且有極多民衆支持全州公投。

然而州長似乎對此慘案缺乏同情心，且他的一意孤行使許多德州人不得不懷疑該法案是否是他對「全國來福槍協會」的一種政治賄賂。

諷刺的是，這項法案在衆議院最後通過階段前幾天，老布希因爲不滿該會稱聯邦政府機關是「穿長統靴的政府刺客」的大集合而辭去了該會終身會員的身分。華府也抱怨該組織在奧克拉荷馬市爆炸案發生後，以反對槍枝管制的辭令煽動反政府仇恨團體。

據布希助理表示，當他一讀到其父退出該協會的報紙頭條時，火冒三丈。「州長打電話給他父親時罵得很大聲，以致他母親威脅要掛掉電話，」一位布希助理透露。「後來幾天他一直對幕僚，甚至是新聞界說他可能會成爲「一任」州長。他常坐在辦公室內重複說，『這工作付我的薪水，不夠讓我忍受這些鳥事；尤其當我的老頭子當著該死的全州面前在背後捅我一刀時。』」

該案的反對者指出奧克拉荷馬市爆炸案兇手提摩西·麥克維(Timothy McVeigh)

在被捕前沒有犯罪記錄，若在此一保障攜帶武器法案下則具有領受槍枝執照的資格。

但在議院通過該提案後一個多禮拜，州長簽署同意該案立法，推翻了一百二十五年前另一位共和黨州長戴維斯在內戰後議院的一次會議中採納的攜帶武器禁令。

諷刺的是，在州議員送交該法案給州長簽署的同一禮拜，其辦公室宣布他已簽了另一份設計爲勸說父母把槍枝放在兒童拿不到地方的法案。

第二個法案針對不安全擱置裝有子彈的槍，以致兒童可以把玩的成人課以五百元罰款。若孩童開槍並造成自己或他人死亡或重傷的話，罰責可以加重到一年徒刑或四千元罰鍰。

布希州長的批評者抨擊罰責太輕並發現州長與某些州議員選擇在同一議院會期中通過兩種法案的動機可疑。

「或許這項兒童保護法能挽救一些年輕的生命，」偉思特議員私下告訴其他議員，「但我認爲其實這可能也使布希州長與我的議員朋友這些晚上睡不著覺的人良心上好過點。」

挾持議案 ★★★

無論布希州長是個有說服力的領導者，或只是個碰上天時地利條件適合的幸運政治人物，一九九五年五月底第七十四屆議會兩年一度的會期還是落幕了，會期中完成了他一九九四年競選承諾中的精要部分，即使這些改革中沒有一樣達到他想達到的地步。

州長選舉期間，布希一再說，「我們必須改革那些造成人民依賴政府的福利制度。我和大部分的德州人都很清楚依賴政府耗弱了人們的心靈。」他的原始福利改革方案要求削減生育子女數超出的婦女的福利、檢驗領受福利者有無吸毒、限制每人領受福利的次數為一次、兩年後結束政府的協助。令他大失所望的是他的提議中沒有一樣是最後的決議案。

「他原本提出的──『布希福利改革提案』──相當具有懲罰性，」議員伊里亞特．耐須塔特（Elliot Naishtat）說。「我們最後做成的是用一個從福利到自給自足的方法來改變人們，可將對福利領受者與家屬的傷害減到最低。」

該會期通過的「較平衡」的福利改革法案要求受惠者在接受福利的那一個月期間內每週至少工作三十小時或每週接受職訓二十小時；福利協助以一至三年為期限，視受惠者的教育與工作經驗而定；並要求受惠者簽署「責任協議」來配合父系免疫的建立及子女健康問題的篩檢，並維持不吸食毒品的生活方式。

布希「四大」改革提案包括罪犯司法制度，主要是犯人自動假釋的終結。布希擊敗芮裘仕部分原因是承諾終結「強制監督」，一個要求受刑人一旦「表現良好時間」與實際服刑時間加總等於刑期時即可獲釋的制度。儘管幕僚中的法務專家對這種做法將觸犯州與聯邦的憲法有所爭議，布希還是向選民保證強制監護釋放制的廢止會溯及那些已坐監的人。

該屆會期通過了去除了強制監護釋放制法，州長隨後於一九九五年簽署通過該法案，但只限於一九九六年九月一日該法生效之日起的符合那些罪名的刑犯。雖然在競選時布希責難芮裘仕州長任內打擊犯罪手軟才讓強制監護制造福了五千六百二十二名受刑人，但監獄官員們估計，接下來幾年約有七萬名已坐監且不受新法所約束的重刑犯，將會獲釋回到社會。

州議會也支持州長在加強青少年審判法上的議案。議會通過青少年被視爲成人接受極刑論處謀殺罪與一級重罪的審判年齡，將從十五歲降至十四歲；規定送往「德州青少年犯罪所」的青少年至少要服刑一年，並將少年拘留機構增置二千三百六十床床位；建立所有執法機關都能檢索的青少年犯罪資料庫。不過布希所提的禁止未滿十八歲者除打獵與其他特殊狀況外持有槍械的法案並未通過。

雖然議院解除管制學校、創造了全國第一批「地方自治學區」、賦予教育工作者更多權限將分裂性或暴力性學生請出教室、在核心科目這種公立教育目標上表現優異、增加教師最低薪資，但布希州長並未達成他想將公立學校設立比率從百分之四十四增至六十的願望。

布希四大改革提案的最後一個是民事法庭程序，此一他在州長選舉時承諾過當選後可能是他最重要通過的提案，基本上沒有採用州長方案中的多少措施。重新會商的議院通過了七項法案，反映商界深深以爲法院制度對被控公司不公平的認知。很快即獲州長簽署的新法限制了懲罰性的損害、翻修該州的詐欺交易訴訟程序、使控告醫師醫療過失更困難、保護行使公務的公務員、限制過失者不只一人的公司應付的責任、允許法官處罰提出輕率訴訟的律師。這項侵權的改革被州長說成是「有益於商業」，且說每個人都將因保險費下降而受益。然而在接下來數年中費率並未下降，而且保險業還創下四十年來的獲利新高。

一邊吹噓著就任以來的第一個會期會成爲人們德州歷史上「最有實質內容」會期

的記憶，布希州長一邊簽下了二百一十七件法案，包括保障可藏式手槍攜帶權法，及一九九四年競選政見裡的四大主要議題。

在正常情形下，不管在哪一年通過這些重大立法中任何一項都會被視為顯著的成就。只不過那些法案的通過竟發生於一百四十天會期的有限時間內。

批評者認為新州長在他一九九四年州長競選時提出這些議題前，即已著手進行福利改革、「地方自治」學區與青少年審判改革案，並希望從那些議員身上沾光。

雖然州長後來承認他的四大競選議題在當選前早已是討論的主題，但他反駁指稱他因一九九五年的改革而受到德州人過譽的暗示性說法。

「我想它們可能已被陳述過了，」州長說起這些他被控挾持的議案，「但我認為它們最後並不同。」

接著新州長得到了很高的工作表現分數，但它們幾乎全是其個人受歡迎程度，而非行政執行能力的評量。如同德州憲法所定的，德州最有權力的人是控管德州議院，並因而控管州政府的副州長——藉著判斷什麼議案該通過，什麼不該通過。布希當然應感謝布拉克願意合作，才能讓他及早成功。要是布拉克選擇做一個黨派觀念很強的人或阻撓者的話，他早已使布希看起來笨拙且徒勞無功了。

助理們說布希竭力「軟化」這位公認乖戾、刁難卻有實權副州長。布希曾爲了親自送耶誕禮物而從德州首府開了兩小時的車到他位在拉諾（Llano）的牧場。當布拉克因輕微肺炎住院一週時，州長幾乎每天看他——「只是走走」，布希說。

「如果布希想利用這職位作爲當總統的踏腳石的話，他有必要顯現出事必躬親、愛秀政績的州長樣。」布希的一位助理說，「而達成的關鍵在於布拉克。」

布拉克曾聽說布希形容他們的關係就像被安排的婚姻般日久見眞情，但有一次布希獨自冒險出政治任務並追求最顯要的政治作爲——賦稅改革——沒有先諮詢他時，布拉克馬上明白自己有多麼依賴這位有力政治人物的善意了。

第8章 那個人的法案

「我已為本州創造一個明天會更好的願景了，且我知道如何將人們結合起來達成共同的目標。我知道如何促銷案子！」

喬治．W．布希

第八章　那個人的法案

我已為本州創造一個明天會更好的願景了，且我知道如何將人們結合起來達成共同的目標。我知道如何促銷案子。

——喬治・W・布希

他知道得不多，且做得還不夠，但人人喜歡他。

——專欄作家暨著作人茉莉・艾文斯

柯林頓的影子★★★

布希於第一屆議事會期結束後博得的支持率是歷任德州州長中最高的。一項民調顯示，受訪者中有百分之五十九的人認爲「和他共進晚餐會是有趣的」。德州人經常掛在嘴上的一句評語是「州長一點也不像他爹地」，沒什麼，不過就是說年輕的布希比前總統至今給人的感覺更保守、更政治性地機敏、更詭計多端、更火爆，也更有魅力。使自己看來和藹、不拘禮的布希州長曾說他最大的資產恐怕是能與市井小民相處、溝通，並具有記得人名與長相的柯林頓式驚人能力。

州長喜歡與人會面，絲毫不會內向，並眞的對當州長少不了的無止盡公開亮相而感到鼓舞。雖然他行程緊湊得讓同事稱之為「金頂電池兔」，但他總會抽出時間在州長官邸拍照留念的遊客中插一腳，偶爾會邀請學生到他私人辦公室的內室參觀，在那裡他會指著牆上掛的一幅滑稽的山姆．休斯頓（Sam Houston）畫像。畫中這位因為拒絕效忠南方邦聯而丟官的傳奇德州州長腳踩官袍站在迦太基（Carthage）廢墟中，是休斯頓自己請人畫的。

布希也會對這些年輕人說這位他最喜愛的英雄克服了吃敗仗的打擊與酗酒問題而成為政界傳奇人物。「他和自我懷疑角力，為了尋找人生方向而流浪多年，」州長繼續說。「直到某天他照著鏡子看到一個自己不再尊敬的投影，人生的轉捩點終於到來。布希就在那天發誓要扭轉人生，而且他辦到了。」「那幅畫給你們的訓誡是，」他會向參觀其辦公室的年輕人說，「在當個德州州長和讓你自己出洋相之間，只有一線之隔。」

辦公室之旅的下一個行程是看州長收集的簽名棒球，而且他總是最熱中介紹一顆由聲音嘶啞的德州樂團「ZZ Top」團員簽名的球。他會故作淘氣地出示一張他本人的照片，給這些年輕訪客看，照片中身著西裝與領帶的打扮下，看來俐落、幹練，站在兩位團員中間。

布希也會指著另一面牆，在那裡有裱褙的他最喜愛的讚美詩詞句。「每一個早晨，」他說，「我都停下來想想它們對我個人的意義。」

這趟即興之旅末了，他會把背靠近他州長寶座，和學生進行一場短暫你問我答。

「你和你家人住在哪裡？」

「州長官邸裡面有一處是封鎖不給外界看到的。那就是我妻子德州第一夫人蘿拉、我們正值少女時代的雙胞胎女兒珍娜與芭芭拉、我們的狗狗斑點，還有我們的貓咪印度與牛仔住的地方。」

「你女兒讀哪所學校？」

「她們讀私立『聖安德魯新教聖公會學校』。Bushie——那是第一夫人和我互稱彼此的名字——她曾是位教師及圖書館員，深深覺得私立學校可以給女孩子一個教養環境，並且撇開新搬到一個城市、父親又是州長的一些壓力，我也覺得。她們很用功，偶爾會拿獎。珍娜最近在『聖安德魯』獲選爲全體學生的主席。她剛搬進去，就參加競選了。聽來和她老爹有點像。」

「你協助她們做功課嗎？」

「我妻子和我九點去睡覺，比我們女兒要早，我們會先閱讀並看一會兒電視新聞。但是有時如果女兒需要幫忙的話，我會晚睡替她們的報告打字。」

「你們有像其他家庭一樣全家去渡假嗎？」

「我們在東德州有個湖畔小屋，有時候我們躲去那裡度週末，在那裡我釣鱸魚，我妻子讀一本又一本的書，女孩子們只是閒晃。但現在女孩子們長大了，不像以前一樣喜歡去那個露營小屋。她們寧可待在奧斯汀這裡，看電視、並和朋友電話講個不停。」

「第一夫人有一份實際上的工作嗎？」

「她在對街州議會大廈的地下室有個無窗的辦公室。就像過去是美國第一夫人的家母一樣，蘿拉推動閱讀、圖書館、早期兒童教育。但她的生活重心是我們兩個女兒。珍娜與芭芭拉有這麼好的母親，我有這麼好的妻子，眞是三生有幸。她確實是我最好的朋友。」

「自從你當選州長後，生活改變很多嗎？」

「沒有，蘿拉與我仍舊和朋友上館子吃墨西哥菜，看電視，而我喜歡在夏天晚上坐在草坪上，從開得很大聲的收音機上收聽『德州遊騎兵』棒球比賽。每個清晨，當蘿拉在喝咖啡、看報的時候，我天剛亮就起床了，慢跑三到六哩。」

除了很容易讓年輕人（「我覺得他好假」，一位正離去的中學生說。「他言過其實。」）與其他參觀州長官邸的遊客親近外，布希也和德州記者們培養出哥兒們的關係。不像視媒體為意識型態仇敵的許多共和黨政治人物，他反倒常常和一些他最喜歡的男記者們勾肩搭背、叫他們的綽號、一起打快速高爾夫（一小時又三十七分內完成十八洞）、開開玩笑。

「我已悟出生活中有些簡單的道理和政治世界息息相關，」布希曾說。「像我們西德州有句話是，『彼此拜訪』並花時間聆聽對方傾訴。」

到院廢止

一九九六年十一月的一個午後，亦即第七十五屆議會開議前兩個月，布希召集記者於州長官邸前面草坪，宣布他將要求州議員動用州預算結餘來降低兩年的地方校地稅達十億元。州長稱之為他對德州人承諾要舒緩一年一百億元地產稅「窒息」壓力的「頭期款」，在此一措施下，公立學校已經變得更依賴。

他在州長第一任任期中半路陷入麻煩，是在一場與德州媒體的即興集會上。

雖然副州長布拉克與議會議長賴尼在一九九五年議事會期結束後的聯合記者會上

曾說，「當前會照應州長訂定一個計畫」來除去「地產稅賦負擔」，但當布希於一九九六年年尾藉著對德州保留給議會的職權──編列州預算，發表聲明來行使州長權力時，怕已使他們大吃一驚。

自稱「願做大膽決定和大膽的人」，布希提議藉州預算結餘和經濟成長來降低未來兩年的地方學校稅達十億元。但是他沒提出會有多少納稅人受惠或該州要如何實行該計畫的細節。「我們尚未具體研擬出。」他告訴聚集在草坪上的記者。

布希這種宣布方式危害了與布拉克、賴尼的兩黨合作，他們都是在他召開記者會時才首度聽到他的賦稅改革計畫，而且這並不適合討厭驚奇的布拉克。

布希說他事前並未告知這兩位德州有權力的政治領袖，因爲「我感覺他們不會支持，這不是私人恩怨。我以爲他們總是試圖保護決定如何花用州預算的立法特權」，他說。「而我是對此提出權利要求的行政部門，我想我有一半弄僵了這份關係──弄僵這話太重了──我想我這樣宣佈我的計畫令他們很失望。這麼做後我立刻去找了他們並告知這個計畫。」

布希在一九九七年一月亦即議會開議後兩週向議員發表州情演說前，他於十一月要求的「頭期款」已經發展成一個能使德州公立教育制度更仰賴該州賦稅融資，而且比較不再仰賴地方地產稅的一個大刀闊斧改革該州稅則的詳細計畫。他不再滿足於減稅十億，而是要把該州的賦稅結構做個全盤大翻修——近四十年來涵蓋最廣的改變——最終可以達成近三十億的刪減。

布希新而廣泛的「德州商業稅」將取代該州公司加盟稅，造成餐廳老板、零售商、汽車經銷商、律師、建築師、工程師，還有其他因爲組成上是合夥關係而非公司，所以不付加盟稅的服務業專業人員反彈。而和煉油廠等財產稅高額的大戶息息相關的財產稅聯合改革案，則會使蒙受其利者對州長和他強迫小生意業主接受更多賦稅負擔的用心額手稱慶。

批評者也問爲房屋所有人與地主降低地產稅，卻不規定他們與承租人（**尤其是低收入家庭**）分擔稅款是否公平。根據「美國普查局」調查發現，一九九七年年初租屋者中有百分之四十是租住在德州的房子中。在州長的計畫下，不見得公寓所有權人會降低租金，但承租人卻一定會爲了業者轉嫁新德州商業稅負擔到他們購買的消費品上，而必須支付較高的營業稅。

議員凱文．貝里（Kevin Bailey）說「根本就是布希州長在迎合有錢學區的有錢居民和有錢的企業。最需要在賦稅上喘口氣的人反而無法受惠」。很多德州人同意，他們向報社投書並扣應到電台，認爲州長主要的興趣是替那些財產稅高的有錢企業主弄個減稅的機會。

批評者也質疑不斷提高已是全國名列前矛的營業稅是否公平，而且是開倒車的，因爲此舉對窮人打擊最大。

當州長在全州走訪促銷他的賦稅改革計畫時，議會議長賴尼奪走了這個賦稅議題，而布希還不知怎麼一回事。布希原本預料親近友人會主持委員會，但賴尼不先與布希商量，反而另外成立特別委員會，由他較信任的民主黨議員保羅．賽德樂（Paul Sadler）主持，該會對此案深思熟慮並嚴加拷問州長的預算處長。

同時副州長布拉克告訴媒體該案中兩大項——新商業活動稅與增加營業稅——即使活過了衆院也會在參院遭到否決。他承認和布希沒有討論過該賦稅改革案「一會兒功夫」。

最後通過衆院審查的賦稅改革法案，幾乎和州長原來那個計畫毫不相像。布希提案的新商業活動稅，一如預料被廢棄了，而衆院的法案將擴大現有的公司加盟稅，來把醫師、律師、會計師等專業人員一類的商業合夥組織涵蓋在內。衆院的這個方案，也藉由實施新的或更高的州稅制到許多商品或服務（剪髮、航空燃料、香煙、酒精飲料、商業租賃……等）上，來彌補地產稅的刪減。

然而，對於自己的賦稅改革提案在衆院化爲烏有備感失望的州長，還是公開背書他們的版本，因爲該版本可望刪減地產稅近四十億，或說百分之四十。它也會把公立教育經費的重擔，從地方學區大幅轉移給州。在衆院的方案下，與現行的百分之四十七相較，州將負責百分之八十的經費。這不是他自己滿懷雄心壯志的提案，那個他以其「政治本錢」做賭注，非在議院通過不可的提案，但該項衆院的法案符合了布希的幾個目的，包括將稅賦收入從地產富饒學區拿開，再重新分配給地產貧乏學區去除所謂劫富濟貧學校融資制度。

在第七十四屆議會開會期間，布希是一個老練的政治人物，不倦怠地與議員們共事，以期確使他四個改革議案能在會期中通過。但在一九九七年，州長他在衆院的賦稅改革辯論期間，一改作風，保持低姿態。當這個法案在現在爲共和黨主控的參院呈現敗北之態時，布希重新進入協商過程，在議會大廈二樓緊鄰其辦公室的州長會議室中，一個一個地會見參議。

在第七十五屆議會休會前九天，此一賦稅大翻修法案在參院宣告廢止。

共和黨顧問約翰·偉佛（John Weaver）說州長應爲該法案的命運感到鬆了一口

氣。「以粗糙的政治語言講，他應感謝兩邊不能在一起，」他說，並補充說有幾項重大增稅措施的此案若通過，可能早就傷害了布希爭取二〇〇〇年共和黨總統提名的訴求。

不過，偉佛說州長應該已經因爲慫恿一個重大的地產稅減稅方案，得到了掌聲。布拉克、賴尼，及其他議員們同意他在從事這個賦稅改革上「勇氣可嘉」，並沒有因爲輸了這個法案，就算失敗，而且爲了要對他「高貴的企圖」做出讓步，布拉克等人提供了布希一個「保留面子」的方案：一個允許從該州預算結餘中動用十億元來使地產減免額從五千元增加到一萬五千元的法令修法。若選民公投通過此案，則房屋所有人就能以主要一棟房屋的鑑定價值扣除一萬元後的價值計算地產稅。結果，這些許的便宜一年只爲一般的房屋所有人省下一百四十元——或說是一個月省下十二元——在學校稅中。

此一法案的反對者質疑這是否達到了有意義的減稅，他們認爲這幾乎沒有放錢到房屋所有人的口袋中，卻又再次讓德州數百萬名租屋者得不到減輕負擔的機會。他們說更令人憂心的是公共衛生、教育、福利計畫預算，將因爲被刪減十億元來補償地方學區賦稅收益；因爲增加地產減免額而造成上述預算的減少。

最後選民在這場德州史上投票率倒數幾名的公投中，通過了這項給房屋所有人賦稅減免的修正案。

兩年後，布希會向所有美國民眾促銷自己是州史上最大單一賦稅減免的權責州長，但大部分德州居民從未見過任何賦稅結餘。在公投後數週內，德州三十五個最大學區中有二十二個提高了它們的稅率，完全取消房屋所有人本來可能從較高地產減免額體驗到的任何所謂的減免。

若布希原來那份減稅法案照原本提議的版本通過的話，理察・藍瓦特（Richard Rainwater）就可以為自己的「新月房地產投資公司」在學校地產稅上省下二千五百萬元。該法案也會惠及商業不動產稅，讓藍瓦特為自己在諸多城市的公司所擁有的值錢商業地產上省下數百萬元。

雖然布希無法提供實質的賦稅減免給他有錢的施主，但至少州長他還是使藍某和旗下的公司從和德州的商業交易中獲利數百萬元。

王位後的那個人★★★

藍瓦特被商業雜誌形容為「年代金融大人物之一」、「一位會做生意的傳奇人物」和「全國最狡猾的投資人之一」。

這位身價數十億名列全美一百大富豪的投機者靠買下或取得那些財務困難公司的控股權賺錢。他僱請專家重組那些公司，然後待景氣好轉時重新獲利。用這種方法他已重組了全世界最大的連鎖醫院及一家數一數二的鑽井公司。

根據他於一九九四年身為州長候選人時所申報的財務公開報告顯示，布希從他與藍瓦特有關的四家企業中獲利可觀，包括「德州遊騎兵」棒球隊在內。

「藍瓦特管理合夥人」與「大陸廣場企業」曾捐款到布希的個人財富中，但「G．F．W能源」，這間藍某於一九八八年藉由整合一位頂尖天然氣金融家與重要投資人而成立的公司，曾在布希於一九九三年首度投資後，數次付給布希大筆的股利。

一九九四年州長選舉時，芮裘仕一口咬定藍某「擁有」這位共和黨參選人。「藍瓦特先生是負責給布希現在這份『德州遊騎兵』總裁工作的人。他不只投資十萬元讓布希參選，布希也十分感激藍瓦特先生給他薪資，」芮某的發言人恰克．麥多諾（Chuck McDonald）表示。

作家暨脫口秀主持人，也是民粹派的前德州農業行政長官吉姆．海陶爾（Jim Hightower）說，「十多年來，小布希沒有一項措施不徵詢那個人（The Man）」——我不是指他父親，」海陶爾提到藍瓦特，並說藍某「在他朋友當州長時，做得很巧妙」。

布希堅決否認他的事業夥伴，尤其是藍某，從他當選後曾獲利過。「我發誓沒有圖利自己，或營私我的朋友，」在《休士頓編年》刊出針對其商業交易與遭指控的舞弊與利益衝突，所做的檢視後，他告訴媒體。「任何說我利用職務幫助朋友的影射，都絕非事實。」

一項商業交易的檢驗引起對於州政府某些作爲與提案方面的諸多質疑，認爲已經提供了藍瓦特及布希商業合夥人可觀利益，無論實際的或潛在的。

一九九七年，州營的「德州退休教師組織」退休金基金會售出兩棟樓和另一棟樓的抵押權給藍某的「新月房地產公司」，而州長是該公司的投資人。三筆買賣都因爲該基金會董事長隆納德·史丹哈特（Ronald Steinhart）認爲「新月開了個好價錢故而沒必要」，就沒有採行通常會用的公開招標方式。

該組織售出第一棟時損失四千四百萬，多年來在這棟位於奧斯汀的辦公大樓投下了九千萬以上，卻只賣三千五百萬。第二棟賣出了好價錢二億三千八百萬，超出原本投資的六千五百萬。但第三棟一億六千二百萬，迫使該組織損失七百萬本金與一千九百四十萬的利息。

一九九五年該組織執行董事約翰·莫瑟（John R. Mercer）寫給州長的一封信說明了布希對該組織運作上的興趣，信中提到已按照州長要求延選一名新董事，並會等到布希做出任命。史丹哈特就是後來指派的董事長，而且是他力促其他成員不要接受別間公司的，要接受「新月」出的非常不錯的報價。

另一筆造成藍瓦特於他這位事業伙伴州長任內獲利的是布希於第七十五屆議事會期中簽署的一份運動中心融資法案。該法案允許德州各市課徵租車等等商品的稅捐來融資新專業運動場的興建。

就在議員們爲布希支持的立法爭論不休時，「新月」已從一位達拉斯商人手上買下了四億元的不動產，還包括「美國職籃達拉斯小牛隊」百分之十二的股份和一旦建在達拉斯方圓七十五哩內的新球場建好，該球隊東家小羅斯．裴洛（Ross Perot Jr.）就支付「新月」一千萬紅利的擔保。

州長於一九九七年六月在議事結束時簽下這份法案，並在該市的小牛隊與全國曲棍球聯盟隊「星辰」之間就新球場交易推動最後協商。數月後，達拉斯選民通過興建一座二億三千萬元的室內運動中心。此中心完工後小裴洛將支付一千萬紅利給「新月」。

布希因爲與藍某的商業關係所發的橫財於一九九八年當「達拉斯星辰」經營者媒體大亨湯姆．西克斯（Tom Hicks）同意以棒球史上次高天價二億五千萬元買下「德州遊騎兵」時降臨。

自從布希、藍瓦特等人於一九八九年買下「遊騎兵」後，這支球隊的身價就水漲船高，主要是因爲經營團隊在阿靈頓市興建的最新型球場的賺錢合約所致。體育場於一九九三年九月落成後，球隊的身價就從一億零六百萬漲到了一億三千二百萬，並在日後五年繼續增高。

當西克斯以二億五千萬買下「德州遊騎兵」時，他不只是買下這個球隊，而是還買下了這座體育場——「德州遊騎兵」經營，卻由納稅人透過零點五毛的營業稅付帳的——和緊鄰球場與「六旗遊樂園」的三百英畝的重點開發區土地。（《財金世界》〔Financial World〕於一九七七年點名「阿靈頓棒球場」是大聯盟棒球中最獲利的一個所在地。）

「納稅人付出使該球隊增值的錢，而布希州長是受益人。」一位質疑這筆交易的道德問題並發動同事調查卻不成的該州議員說。

西克斯以二億五千萬元買下「遊騎兵」，布希也就成了數百萬富翁，一九八九年僅六十萬六千元的初步投資竟獲利了近一千五百萬——百分之二千三百以上獲利率。布希一九九五年當上州長後成爲經營總合夥人的「遊騎兵」總裁湯姆．西佛（Tom Schieffer）解釋說布希從他百分之一點八的經營股份上獲利二千七百萬元，而因爲招到藍瓦特等創始投資人又另外獲得一千二百二十萬的「推廣費」紅利。西佛說原來的合約中規定一旦他的合夥人以股利收回他們的投資時，布希不到百分之二的股份就會跳到百分之十一以上。

引發「遊騎兵」的變賣發風波，是布希在做州長時從未將他在該球隊的財務利益交付盲信託（blind trust），造成利益衝突之說。根據德州道德委員會財務申報資料顯示，布希於一九九五年一月自願將他的股票等資產交付盲信託，但未把他在「遊騎兵」的總合夥股份也這麼做，因爲這樣會造成球隊經營權的改變。這個做法「要由球隊經營人投票」，布希在記者會中解釋。「我們只是認爲沒必要弄個投票」，因爲這樣會迫使州長全然放棄控管球隊。

但若換做是一筆利潤可觀的石油交易，假設他最後從中得到一位有錢的達拉斯商人給付一千五百萬元，且整筆錢直接進到州長的銀行戶頭而非他的信託中。在媒體要求調查前要多少時間？

縱使布希說「遊騎兵」的賣掉，沒有不對之處，並說他的生財有道應被視爲加分，而非負債，但西克斯——一般而言只可以捐款到布希的競選專戶——卻在買下「遊騎兵」時，並付予布希數百萬元時，兜售他對州長的影響力。

布希與那些受其州政府事業計畫鍾意的有錢企業家的關係和他從「遊騎兵」的賣掉所收穫的數百萬元利潤本應在一九九八年引人側目，但新聞界的報導大致都忽略了這項爭議，而且選民對他的滿意度接近百分之七十。

在德州以外地方的媒體比較密集的追根究底在他決定參選總統時展開。畢竟，一位佔著白宮的南方州長的家、州不分的生意買賣已經由一位特派的檢察官調查多年了。

「他是媒體的寵兒，」吉姆．海陶爾（Jim Hightower）說起這位州長。「人人都說，『嗯……，你一定喜歡布希。』噢，我不喜歡他——不過又是一個紈DUMMY子弟。他是個尸位素餐的州長。他完全和財團的錢及財團的心願清單掛鉤。」

第9章 罪與罰

「在本州我們對待罪犯很嚴厲。若你在德州鋪了你犯罪的溫床，我們早已替你備妥一張分娩的床。」

喬治・W・布希

第九章　罪與罰

在本州我們對待罪犯很嚴厲。若你在德州鋪了你犯罪的溫床，我們早已替你備妥一張分娩的床。

——喬治・W・布希

布希形容自己是「同情的保守主義者」，在德州這句話的意思是在他輕搖鞭子前會問你覺得你的果凍味道如何。

——克雷格・吉爾邦(Craig Kilborn)，《每日秀》The Daily Show

存在銀行裡的錢★★★

當州長在假休士頓舉行的「全國被害人協助組織」(National Organisation of Victims Assistance，NOVA) 第二十三屆年會上對一千五百名與會代表致辭時，他受到這些來自全國的受害人與倡議人士的熱烈歡迎。

當布希背誦出他領導的州政府打擊犯罪的措施時，在座者——被列隊歡迎的彩色旗幟與呼應著室內煙火聲的國歌溫暖著——對自稱讓全國其他政治人物都明白「司法與被害人長相左右」的州長表現出衷心的讚許之意。

爲了說明這點，布希告訴在座者：

「我們有全國最高的監禁率」、「假釋許可數是歷年來最低」、在執行死刑上「我們沒有無止盡的拖延」，而且在德州，被害人家屬被允許目睹行刑。

布希也吹噓德州法律目前在上訴方面給予死刑犯「一口蘋果」。（**然而法律學者指責該法禁止法庭考量審判後出現的無罪證據，將造成無罪者遭到處決。**）

然而布希沒有告訴感激他的該會會員最近披露的年度報告顯示該州在前一年發了三千二百六十萬元給八千五百六十五名被害人，以協助他們走出暴力犯罪的傷害，卻留了一億八千二百萬元整整齊齊地安置在銀行裡。

這份報告促使被害人團體堅持該州應讓被害人知道有財務援助可以申請，而且應降低該基金的申請限制，才能讓許多人得到該州的補助。批評者說律師費限制爲三千元對兒童性侵害案件而言是不夠用的，並說鄉下社區被害人急需各項服務的提供。

這項由德州司法處管理的基金來自於向刑犯課徵的罰鍰和費用。立意是要補助暴力犯罪被害人及其家屬因此產生的喪葬、醫療、律師等費用。

司法處解釋那些未動用的基金，是支援該項財務協助計畫的法院在暴力犯罪減少時提高收費造成的。然而根據德州公共安全部的資料顯示，在布希第一任任期中犯罪率增高，這對布希和其保守的法律與秩序政策大綱而言是惹來困擾的。

旋轉門★★★

當布希宣布賴利．唐．麥克奎（Larry Don McQuay）這名宣稱侵犯過二百四十名兒童並發誓還會再犯的罪犯即將在八年刑期中服完六年刑期後獲釋時，他陷入了更大的政治尷尬中。

在舊的強制監督釋放計畫下，釋放麥某無可避免，因爲在該制度下表現良好的積分還可以用賺的，並可加到實際已服完的刑期裡。麥某憑績分已服完八年刑期，所以依法可以獲釋，顧不得大衆的反對聲浪。

布希在競選州長時曾要求終結該制，即使是那些已服刑的罪犯，不顧德州與聯邦法令長期以來對此追溯的禁止。

奉公守法的民衆本來對此並不太注意，直到麥某快要獲釋才又再度引發關於該制的激辯與大衆認爲「布希食言而肥」的指責。

爲使此案不要爲未來的自己政治前途帶來負面的影響，布希於一九七七年要求議會迅速通過一個禁止所有提早從監獄自動獲釋的法案，並廢止引發爭議的這項制度。

布希並以另一名近期獲釋的刑犯史蒂文·佛斯特·洛克（Steven Foster Lorke）為例，這名原本獲判三十五年刑期的殺妻犯，在服滿十四年加上「良好表現」績分等於三十五年後，已經獲釋。

兩案帶來的尷尬、犯罪被害人團體的憤怒，以及愈來愈多對法令限制的闡釋使州長不得不力促議員儘快表決兩黨合作的這個法案。但當美國高等法院判決佛羅里達州一項類似法律違憲時，州長倉促放棄撤消該制的努力。許多法律專家與議員公開質疑布希「缺乏勇氣與領導能力」。

「我們原本可在議會輕易讓該法案通過，而且他也可簽署同意立法。到最高法院還要好幾年的時間，而且法官認為德州在更改受刑人刑期的機率將會是五五波，」一位議員說。「但因州長決定不戰而敗，數千名惡徒就要自動獲釋而讓人束手無策。」美國憲法制定時並無假釋一類的規定，而該制也不是憲法有闡釋的。

考洛·尤金尼·瓦特（Coral Eugene Watts）於一九八二年因企圖殺害一名婦女而被捕，檢調單位知道他還殺了許多人但苦無證據。於是和他約定以夜盜罪名和六十年刑期換得其他犯罪細節。瓦特自白殺了十三名婦女。執法人員認為他至少殺了五十人。等他二〇〇四年從一所德州監獄自動獲釋時將是五十歲。

大衛．波特（David Port）於一九八四年十七歲時，用槍脅迫一名女郵差到其二樓臥室，並在她試圖逃跑時開槍射殺她。波特遭判刑七十五年，且將於二〇一二年四十五歲時拜強制監督制之賜獲釋。

但無論是瓦特或波特都沒有勞倫斯．羅梭．布魯沃（Lawrence Russell Brewer Jr.）這名終身監禁的白人極端份子於一九九七年九月從一所德州監獄戲劇性獲釋更能突顯布希對中止刑犯強制釋放制的食言而肥。

地獄來的三惡魔★★★

一九九八年六月七日半夜剛過，約翰．威廉．「比爾」．金（John William 'Bill' King）、項．艾倫．貝利（Shawn Allen Berry）與勞倫斯．羅梭．布魯沃（Lawrence Russell Brewer Jr.）三人在街上遇到詹姆士．拜爾德（James Byrd Jr.），這名因太窮而買不起車的四十九歲黑人肢障男子參加完姪女婚宴後獨自醉醺醺地在街上行走。貝利提議搭載拜爾德卻激怒了其中兩名種族主義份子。

歹徒不但沒有載他回家，反而將他載到偏僻鄉間小路上凌虐後，再將其足踝綁在貝利的貨車上，在鄉村路上拖行約三哩以致屍體分解。從屍體上的痕跡顯示，死者曾試圖用手肘將頭部保持在地面之上，這表示他當時是活著且有意識的，直到他的頭、肩、右手被路邊的排水溝摩擦撞擊造成多處外傷而致死。

對於此傷害事件平添侮辱的是，當議員們要求布希針對此一屠殺案修改該州法令對「仇恨犯罪」模糊不清的用語時，布希婉拒了。現行的法律是一九九三年通過的，並針對經證實是「以成見或偏見爲動機」的犯行加重刑罰。新法案是要使用美國高等法院接受的法律用語來贏得該法院的支持，以便讓以種族、顏色、失能、宗教、國家起源或祖先、或性別取向爲動機所造成的侵犯都能被視爲仇恨犯罪而加以審理。

「布希州長自稱是同情的保守主義者。沒錯，他有致電拜爾德的家屬表達哀悼之意，」議員山佛尼亞．湯普森（Senfronia Thompson）這位該法案的起草者之一說。「現在是致上更多悼念之時　我要求布希州長透過支持『詹姆士．拜爾德法案』來展現他的同情。」

四十個州、哥倫比亞特區都已施行類似的仇恨犯罪法。除了將仇恨犯罪定義釐清外，新法案也對較小的郡提供審查仇恨犯罪上的援助、明訂被害人可以訴請民事及示範性的損害賠償、指派一位司法處檢察官做爲仇恨犯罪案總指揮、規定執法人員接受仇恨犯罪調查與文件作業上的訓練。

布希的回應是他較願意「施行我們在聖經上已有的法律。我認爲一切犯罪皆是仇恨，尤其是這件刑案，」他說。「我認爲捐棄仇恨的方法在人們內心，我所知道最好的管道是宗教。其實仇恨和邪念並存，而比政府偉大的某種東西將會修補人心。」

但當布希面對一名罪犯懺悔的奇蹟和以自身例子教導其他受刑人戒除毒品與暴力的奉獻時，布希卻堅持他應爲他的罪而死，不願讓他受到國際稱譽的監獄傳道工作延續下去。

沒有慈悲心 ★★★

一九八三年六月十三日凌晨卡拉．菲爾．塔克（Karla Faye Tucker）這名二十三歲的娼妓和男友闖入傑瑞．林．丁（Jerry Lynn Dean）家中偷竊機車零件。其男友驚覺丁某在床上睡著，遂以鄉頭敲打被害人致死。與被害人有過節的塔克又再以十字斧補敲懨懨一息的被害人二十多下。當她發現丁某的朋友躲在房間一角時，又將十字斧轉向目擊者滅口。

審理期間，塔克的辯護律師爭論當時她已吸毒、酗酒三天，以致暫時神志不清才犯下此案。法官不同意，仍以一級謀殺罪刑論處。

日後幾年已是休士頓監獄裡一名重生基督徒的塔克向其他受刑人傳道，並且嫁給了一名監獄教誨師，她還把握所有上訴機會以求推翻她的死刑過程中得到幾次緩刑。在各種欲挽救其生命的陳情中，她的律師與支持者——包括起訴她的地方檢察官、逮捕她的刑警、被害人親戚等人——都說她已不是那名犯下雙重謀殺罪的女人了。爲數衆多捍衛她的人認爲應將其死罪減刑爲終身監禁。

一九九七年十二月八日美國最高法院駁回重審此案的請求，十天後，一位州地方法官訂定二月三日執行死刑。

在德州議會廳外的一場集會上，數百名要求廢除死刑者爲塔克請命。要求布希與德州「赦免與假釋會」的成員展現同情與慈悲。

一月二十日，塔克的律師向德州法院上訴與休士頓市的州地方法院提出緩刑訴願的申請，以便他們能有時間挑戰德州救濟程序的合法（憲法）性。律師在文件中主張她已在十四年坐監中改過自新，不應該再遭受死刑對待。

不久後塔克的律師們正式代表她向該會提出減刑爲終身監禁的請求。由布希任命的成員組成的該會可以拒絕她的請求，也可以在有十名成員投票贊成的情形下向布希做出減刑的建議。德州憲法並不允許州長獨立行動來給予減刑或赦免，而且如果他們真的建議出這兩個決定中的任一個，州長仍然可以拒絕他們的建議。

如果布希同意她的死刑，基督徒保守份子——他最大的支持者之一——會憤怒。若他減輕其刑，支持死刑的團體會指控他打擊犯罪不力。

布希誓言不會受到政治或性別議題左右，並會聽從假釋會的建議。但幾位州長助理表示其實正好相反：布希私下曾要該會之中他派任的成員一面倒地否決掉塔克的減刑，如此一來他就不用做決策了。

二月二日該會拒絕了她的請求。該會有效地幫布希從這個情感面的議題抽身，因為德州法律規定除非該會建議，否則州長不得給予減刑。然而州長有權給予只有一次的三十天緩刑，但州長辦公室說要等到法院做出判決後才能決定。

一九九八年二月三日傍晚在塔克一切法律請求都失敗後，布希州長宣布不給予三十天的緩刑。「就像許多受此案感動的人一樣，我也從禱告中尋求指引。我已做出結論認為一名等待伏法者的心與靈魂最好留待更高的權威者判定。願上帝保佑塔克，也願上帝保佑她的被害人與他們的家人。」，布希沒有接受提問，直接走進辦公室。

當塔克案在死刑與德州秘密的減刑審理上所引發的爭議持續發燒時，該州正準備另一件備受矚目的死刑案：惡名昭彰的連續殺人犯亨利．李．盧卡斯（Henry Lee Lucas）向州長請求減刑。正如《華盛頓郵報》社論所言，這是「喬治．布希是否具有當總統人品素質的眞正考驗」。

罪的問題 ★★★

盧卡斯於一九六〇年犯下弒母後再加以姦屍的命案，並被判刑二十到四十年。一年後他轉往精神病院，經診斷爲自殺性精神病患、虐待狂、性變態患者。一九七五年獲釋後又與另一名變態男子在各地犯案八年，直到被捕。

他起初招認於二十七州殺害數百人，後又翻供，急於了結一些懸案的調查人員便灌輸一些犯案細節並讓他閱讀報告以便做出自白。

最後盧某爲十件殺人案獲判六〇年到終身監禁不等的刑期，並爲一九七九年屍體上僅著一雙橘色襪子的搭便車旅行者強暴命案獲判死刑。

就在定於一九九八年六月三十日伏法之前數日，布希州長要求德州「赦免與假釋會」檢討此一命案，並考慮根據一九八六年由當時的檢察總長吉姆．馬塔斯（Jim Mattox）所做的一份報告給予減刑。

工作出勤記錄顯示盧某在「橘襪命案」發生當時正在佛州當一名蓋屋頂的工人，還有一張兌現的支票等證據都讓檢察總長做出此人「極有可能」未犯下此案的結論。

這張支票是事先準備的，並且是「在命案後至少二至三天兌現的」，偵辦的檢察官肯・安德森（Ken Anderson）說。

「盧某和其他員工都承認工頭經常以將員工出勤記錄標示為出勤，以此作為勒索，用來交換員工所賺工資一半的回扣，」安德森說。並補充說，「此案歷經十四年，由二十三位不同法官審理過。」

該會前所未有地以十七比一的投票決定建議州長免盧某一死。該會主席說檢察總長的那份報告是左右該會十八人調查小組的關鍵。

此一投票決定是該會頭一遭自動自發建議一項死刑的減刑。

這個小組與四個月前否決塔克減刑請求的是同一個小組。塔克的上訴律師之一喬治・塞奎斯特（George Secrest）稱該會是州長政治動機的「爪牙」，並說「他們為了他們無法證明的事而不殺他（**盧卡斯**）還說得過去，但他們建議為這個有可怕記錄的食人魔減刑則十分諷刺」，塞奎斯特說，並補充說，「他們在塔克的案子上不相信包括一些執法人員在內支持她的好人。他們使她毀滅。」

在該會建議後數小時之內，州長當眞將盧某的死刑減爲終身監禁。

將盧卡斯減刑後一個月，布希向「德州警長協會」發表他慣用的打擊犯罪政治競選演說，並說明他何以決定免盧某一死。「有一位了解你們必須強制執法的州長是很重要的。州政府的角色不是去判斷人心。我們必須把人心、靈魂、良心的判斷交給一個比州政府更高層的權威者，」他說，並表示他收到了二千四百封要求爲塔克減刑的信、九千零二通打到辦公室的電話，其中贊成悲憫或伏法的意見幾乎各佔一半。

他硬說塔克與盧卡斯的不同在於她認罪而盧某堅稱清白。他補充說雖然盧某或許不該被判死罪，但仍然是個「邪惡的」謀殺者。「他將服刑至死。他不會有機會自由行走。而且他不應該自由行走。他是個很壞的人。」

爲橘襪謀殺案逮捕盧某並確實將其殺人件數計算爲十五件的德州騎警菲爾．萊恩(Phil Ryan)力主將他伏法。「若有任何人該爲他沒做的事受死，我從沒見過比盧卡斯更適合的人選了。」

秘密會議 ★★★

州長與德州減刑過程的戲碼在六十一歲的加拿大人約瑟夫．史坦利．法爾德

（Joseph Stanley Faulder）申請雙重死罪減刑被拒後，又再次受到國際社會抨擊。

法某於一九七五年在一場笨手笨腳的搶劫中犯下殺害一名德州石油世家女大家長的命案。他的抗辯就像其他許許多多在美國面對死刑的人一樣，是個被滑稽化的嚴肅作品。審判當時他的法庭指派律師並未找尋目擊者，沒有提出減輕罰則的事證，也未告知法官法某幼年時頭部曾受重傷以致造成永久性的腦損傷。要是法官得知他有精神上的損傷就會不會判他需負完全責任（**精神科醫師檢查證實他無法分辨對與錯**），他的刑期也就會是終身監禁，而非死刑。

加拿大政府與以爲他已死亡的家人從法某最近一位上訴律師（從「**德州資源中心**」**得知加拿大家屬**）那裡得知其下落前，他已在死囚牢中坐了二十一年的牢。一九九八年十二月他的伏法日期決定後，美國國務院加入了加拿大政府和聯合國人權官員試圖說服布希州長取消其死刑的行列，因爲德州相關機關從未告知法某他有權聯絡加拿大使館人員，因此違反了「維也納公約」（The Vienna Convention）。

「本案中未通知使館的問題十分糟糕，以致構成有充份的理由以審愼考量的減刑救濟講和，」國務卿馬德蓮．歐布萊特（Madeleine Albright）在致布希的信中說。信中她要求三十天緩刑，並提議派國務院官員前往德州就牽涉到維也納公約的部分向州長做簡報。

布希回信說他在等該州的「赦免與假釋會」做出建議，並說德州與聯邦的上訴法院都已判決法某的罪刑。「我能理解她的關切與渴望，」他在記者會中說到歐布萊特的要求。「大致上，我會支持德州的法律，無論犯者是什麼國籍。人們不能跑到本州冷血殺人，那是不被接受的行爲。」

國務卿的訴求未獲重視，但加拿大官員原本希望她的交涉能提醒美國也像其他國家一樣尊重維也納公約。

國際人權團體繼而發動傳眞、電子郵件、記者會攻勢，甚至揚言發動經濟與觀光抵制。憤怒的布希告訴記者，「沒有人能威脅德州州長，無論有多狡猾」。

在預定伏法前數日，該會以十七比一的票數拒絕了法某的減刑，並否決了九十天的緩刑救濟。

「美國律師協會」爲此要求布希給予救濟期來考慮減刑並認爲「惹麻煩」，因爲法某的伏法日定在聯合國人權宣言五十週年紀念日。「我籲請您利用此一嚴肅時刻展現您對國際法律的身體力行，並給予緩刑救濟。」會長寫信給布希。

在最後一搏時法某的律師並不挑戰聯邦法院，而是挑戰該州的減刑程序。他們要求舉辦聽證會，力陳「赦免與假釋會」違反了正當程序，因爲受刑人無從得知該會做出該項表決的理由。

「本法院最清楚確定的一件事就刑犯訴請減刑且該會投票否決了，」美國地方法官山姆．史巴克斯（Sam Sparks）說。他並說想要更了解德州這種用來決定誰該得到從輕量刑、誰不該得到的秘密方式。

此外，議員也提出規定該會公開討論各減刑要求的法案。

「要我支持這個改變必須有十分讓我信服的論點，」州長說，並補充說較開放式的該會減刑審理程序可能會適得其反。「要是公開進行的話，可能最後產生另一個審判或一個咆哮辱罵的機會、一個在需要問的問題外情緒化過程的機會。」

後來在一場支持德州減刑程序者與法某律師間的聽證會後，美國地方法官史巴克斯——這位聽證會主持人判定德州這項制度符合憲法，但批評該程序是沒有必要的秘密化與最低的公平性。

「行政上，減刑程序的目的是更要保護制度的秘密性與自治，而非實行一個有效率的、法律上健全的制度，」這位聯邦法官將他的看法塡入報告中，他也取消了稍早對法某緩刑的支持。「該會可以不必犧牲它保守的意識型態而以一個較公平、正確的方式執行它的職責。」

做出對這位加拿大人不利判決的這名法官建議德州官員或議員不妨藉由同意他們在法院對抗的一些小小的改變來阻止類似的猛烈挑戰。他建議該會能像其他各州施行死刑的對應單位一樣，舉辦減刑申請案的公聽會，或至少規定成員將他們投票贊成與否的理由寫成摘述。

在法某預定伏法前三十分鐘，美國最高法院准予緩刑，這是為了需要時間考慮在國際法律壓力下，是否要做出侵害這位加拿大人的權利的判決：檢察官在審理時隱匿證據、德州「赦免與假釋會」採用的程序是否違憲。

在隨後的記者會上，布希說他希望最高法院的法官能儘速審理並解決這個法律案件。「我已一再說過法院是闡明此案中的法律議題的適當場所。」

最後有一位加拿大記者舉加拿大已於一九七六年廢除死刑為例，詢問布希對於「認為德州這裡正在進行一場野蠻西部表演」的加拿大人有什麼話要向他們說。

布希維持他的冷酷，力促一些觀察家注意他若是正在為競選總統而受訓練的話，他算通過了一場初期的小考。「若你是位加拿大人，而你來到本州，」他說，「別謀殺任何人。」

在最高法院後來拒絕給予法某聽證會之後，這短暫的緩刑也就不存在了。原本應該已建議州長減刑爲終身監禁的「赦免與假釋會」卻以十八比一允許伏法。原本應該給予法某三十天緩刑的布希卻說他深信法某罪有應得。

一九九九年六月十七日傍晚六點十八分，法某成爲自一九五二年以來首位在美國伏法的加拿大人。

第10章 新狗，舊把戲

「以某種方式而言，共和黨這個標牌代表的意思是對某些人你不能同情。我已努力做給人們看保守的哲學是同情的哲學，不只在言語上，也在行爲上。」

喬治．W．布希

第十章 新狗，舊把戲

以某種方式而言，共和黨這個標牌代表的意思是對某些人你不能同情。我已努力做給人們看保守的哲學是同情的哲學，不只在言語上，也在行為上。

——喬治・W・布希

布希說他是個「同情的保守主義者」。那不是像個「素食食人者」嗎？

——喬伊・貝哈(Joy Behar)，「美國廣播公司」(ABC)「觀點」節目主持人之一

同情的保守主義 ★★★

在大蕭條與第二次世界大戰期間，羅斯福提供給美國一個新政策。動盪的六〇年代在甘迺迪的領導下全國開始「新殖民」，而其繼任者詹森則是建立了後來被尼克森與雷根於七〇年代和八〇年代拆掉的「大社會」。在柯林頓讓他捲鋪蓋回德州前，老布希提倡「更仁慈溫厚的」美國。到了二十一世紀初葉，現在其子則是熱烈擁抱一個顯然要吸引廣大主流選民並將自己送進白宮的響亮口號：「同情的保守主義」。

「保守主義是將政府放置在它適當展望中的哲學，意思是政府應做好一些事情，還有一個要給政府扮演的角色存在，」這位德州州長曾說。「同情說政策會帶來一個

更美好的明天，但要有一個實踐主義者計畫，要有個策略。」

說來古怪，布希現在提倡的這句辭語是由竇爾在爭取一九八八年共和黨總統提名敗給老布希前那幾個月提出的。派特・布恰南（Pat Buchanan）討論巧妙塑造「一個更同情的保守主義」，對當時的總統布希有如暮鼓晨鐘般，在布恰南的版本中包括公立學校禱告式、國會議員任期限制、凍結花費兩年、禁止墮胎。彼特・威爾森（Peter Wilson）於一九九〇年以一個「同情的保守主義者」選上加州州長，幾年後採取強硬立場對抗在該州尋找較佳生活的貧苦移民。甚至前衆院議長紐特・金瑞奇（Newt Gingrich）在九〇年代中同時推動共和黨的社會保守議題時，曾試圖宣稱這個標牌爲他所有。

在一個選民日漸將他們自己劃歸爲既是溫和派也是保守派的國家，「同情的保守主義者」成了人人擁抱的蜂音辭語，吸引共和黨、超黨派人士，甚至是較喜歡將柯林頓在財政事務上的實用主義與社會議題上的固執保守主義混合的民主黨人士。其實「同情的保守主義」只是包裝右派議程的另一種方式；是管制的撤銷、有限的政府、私有化與守舊偏狹的笑臉版本。

做爲德州州長，布希吹噓自己的保守主義品牌更正面而非具有懲罰性，但他的執政記錄很難使人把「同情的」與他宣稱是自有標牌的另外半個聯想在一起。而當布希繼續定義他的治國哲理時，他已清楚顯現當他刻意避免，經常被人與布恰南和前副總統奎爾聯想在一起，以為他的印象是嚴厲又排外的辭令，認為他正在諂媚，他怕衆人對於此一觀點是一種極為正確的看法。

很多至今仍怪老布希不該拆除雷根遺產的保守主義死硬派人士擔心他這兒子其實是「哲學地附帶著基因瑕疵」。但他們可以不必擔心。自稱是「有保守議程的實踐主義州長」的布希要比敗給柯林頓的那位「一任」的雷根繼任者（**編按：老布希**）更有雷根的樣子。

窮州★★★

布希州長在任的前四年中，穩定茁壯的經濟環境使很多德州人感受到更欣欣向榮，但有數百萬人仍陷在貧窮的泥沼中。「德州不是個富有的州。它是個有良好道路的密西西比」，專欄作家艾文思曾在布希州長在任時這麼說。

根據在華盛頓的「都市機構」（Urban Institute）這個公共政策優先順序研究中心與《達拉斯早報》研究發現，州長的「同情的保守主義者」議程在德州已經創造了兩個社會——一個是相信美國夢的，另一個是不存此類希望的。

「我認爲要說在德州的低收入家庭財務非常吃緊，而且比全國其他低收入家庭更吃緊是公平的，」該計畫的專案主管艾倫・衛爾（Alan Weil）說。「因爲他們之中有較多人是在德州，這使得那些家庭面對的糊口挑戰特別艱辛。」

如果德州政府機關連每年付五億元來提供較佳的住屋條件，都很少鬆手釋出給陷於貧窮，且是勞動階層的德州人的話，那就更難協助該州的窮人了。一九九八年年尾，「住屋與都市發展部」的一份報告上說在打算幫助貧窮家庭找到房子的援助上，德州花費未達一億元以上。根據該部研究上顯示「德州住屋與社區事務部」只動用了從「聯邦家庭投資合夥計畫撥下的一億八千四百萬元中的一半。

達拉斯議員海瑞・爾哈特（Harryette Ehrhardt）說該州的怠職「對德州所有家庭而言代表人類的不幸。」

一直住在同一棟老房子已不止半世紀的八十九歲孀婦比翠斯・萊西（Beatrice Lacey）本是這項補助的合格受惠人。當她因爲付不起修繕房子的昂貴成本而被迫搬走時，她說，「這房子對我的意義很大。它是我和丈夫合買的第一件東西。是我們扶養孩子們的地方，而現在我把它弄丟了。我選布希做州長是因爲他是個親切寬大且有同情心的人，但現在我看到他的眞面目了。在他有錢的房地產哥兒們因爲地產稅刪減而過著舒舒服服的生活時，像我這樣的窮人卻失去了家園。這是不對的。

與健康維護組織巨獸躺在同一張病床上★★★

布希州長一九九五年的第一次議事會期結束時，「病患保護法」幾乎壓倒性地獲得了兩黨支持。

這項賦予德州人諸多反對集體醫療（corporate medicine）權利的立法，在以下幾個方面定出了標準，例如：保險服務範圍的平實語言告知、醫療與承保範圍相關問題的公平迅速上訴程序、要求「健康維護組織」允許願意為醫療付出較高費用的會員選擇保險網絡外醫師的規定。

該法也強制這些組織將安德森癌症醫院的醫療納入，這是一家位於休士頓且與政府合作的醫療醫院，遇有網絡內提供不了的醫療時，該院實質上都能提供所有需要該醫療的德州人高品質的癌症醫療服務。向德州保險部登記的二十五家健康維護組織中，只有四家給付在此類完善癌症中心所做的醫療。

雖然民調顯示全州有百分之八十四的人贊成該法案，但布希否決了，他說該法案對於政府負責的醫療計畫而言太昂貴，並會增加替所有德州人承擔的醫療成本。

「這是要做的正確事情，」布希力爭，「因為那是一個以某種方式對待一群『健康維護組織』成員，又以另一種方式對待另一群該組織成員的瑕疵法案。」

然而州長的批評者懷疑他的動機，並說他否決該法案是因爲他「與『健康維護組織』巨獸同在一張病床上」。其他批評者指稱該法案會大大影響藍瓦特旗下大型醫療連鎖機構的利益，他是州長長期往來人士，也是當時「德州遊騎兵」棒球隊經營合夥人之一。

從州長否決之時起，其他各州和許多醫療組織紛紛加入醫師組織的行列來擁抱此類病患保護法。

這位「同情的保守主義者」保建州長還公開表示適用「醫援」（Medicaid）的：如有家眷住養護之家的家庭應該爲那些受益人的保健負擔部分成本，這是一個首次提出於雷根政府時代並立即遭拒的爭議性意見。

族群關係 ★★★

一九九九年三月三日，《紐約時報》的社論寫布希「若能爲包容性挺身而出，並捍衛某一形式的對抗種族、性別歧視積極行動的話，將對其黨俾益良多。」但一提及少數族群的議題時，布希總是發現談論「包容」要比實行它來得容易。

在該報發表這項看法時，德州議員羅里斯·衛斯特（Royce West）曾否決三名經州長指派的人士出任德州大學這所德州最大公立大學的評議員。這位深受尊敬的議員這麼做是爲了公開抗議州長不肯任命一名黑人出任該職。該會成立以來——只出現過一名非裔美籍人士，是一個有半世紀種族隔離歷史的州立機關。

與前任州長相較之下，布希曾保證會在增加州屬各會中少數族裔任命人數上面有長足進步，事實上他反而將少數族裔的機會減少了百分之十五。雖然他答應過少數族裔社群他所任命的人士將正確反映出該州的人口，但其任內記錄卻不是那麼一回事。

在副手布拉克宣布一個使更多少數族裔獲選爲地方法官的複合方案翌日，布希對記者表示「那些憂心本州法官分配之事的人應該轉黨，」他說。「對西裔和非裔美國人而言，解決此一問題的方法是以共和黨身分參選。若你想成爲法官，想在大郡獲選，應該換黨並參選。」

「我認爲對任何人而言，認爲德州非裔、西裔人士無權像那些德州白人一樣選擇政黨的人都是短視的。」州議員羅德尼·艾利斯（Rodney Ellis）回應。

由副州長——包含法官、參議員、民衆在內的兩黨小組所推動的方案對州長的所有德州最高法院、刑犯上訴法院、十四個地區型上訴法院的成員派任做出了規定。在該州四個人口最多的郡中，法官將由郡行政官管區選出並將面對接下來全郡的「保留選舉」，選民可以透過這個選舉讓法官下台。上訴法官受派任後也會面對這個選舉。支持者認爲該方案可以伸張少數族裔的選舉機會，且能了結政黨提名競選法官者的賄選傳聞。

布希反對布拉克的提案，他公開重申支持現行的全德州各層級法官皆由一黨選舉的制度。「我認爲我們應該保持現在這個方式」，又再次表示若少數族裔以共和黨黨員身分而非民主黨黨員身分競選的話就會有更多少數族裔成爲法官。

在被問到做出不赦免，在DNA與所有證據證實，未於一九八五年強暴一名休士頓家庭主婦前，已坐了十二年牢的黑人木匠凱文・拜爾德（Kevin Byrd）的決定時，州長力辯他較願採用法院的審判來判斷此人在此案中有罪或無罪。

該州地方法官道格・謝佛（Doug Shaver）、「德州赦免與假釋會」、海利斯（Harris）郡地方法官約翰・侯美斯（Johnny B. Holmes）都促請州長赦免拜爾德。但是害怕拜爾德會成爲自己政治上的霍頓夢魘的布希直到「所有政治救濟都已耗盡」時，還是拒絕了。

布希回答不滿意這點的議員路斯・瓊斯・麥可克蘭登（Ruth Jones McClendon）

時說麥某應找時間與此案被害人談一談。然而後來一所法院判決拜爾德無罪，撤銷讓這名無辜人關了十二年的各項罪名。

當布希與合夥人建立那座納稅人資助的阿靈頓棒球場時，三名達拉斯—沃斯堡(Fort Worth)的牧師會會長指控他們不發包工作給少數族裔或婦女經營的公司。民權領袖們要求布希與合夥人發包整個工程剩餘的百分之三十部分給少數族裔與婦女經營的公司。

爲了佐證他們說布希常常「傳道說包容，卻大行排外」的指控，該州黑人領袖舉布希的新聞秘書辭職——一九九四年參選陣營中唯一的一位非裔美籍員工、阿靈頓棒球場沒有出租販賣部給少數族裔、州長退出達拉斯歷史悠久的黑人大學保羅·昆(Paul Quinn)學院董事會等事爲例。

「你們知道，我說我不是搞分裂的人，我是團結大家的人。」布希對指控他有種族偏狹一事上做出回應。在解釋「同情的保守主義者」與其他共和黨人的區別時，布希繼續說，「本黨有個毛病是我們對所反對的事十分能言善道。我們需要把我們支持的事做得更好。」

布希這位商人暨州長看來曾經對少數族裔進行反對包容並支持排外。這是「同情的保守主義」或純粹只是善意的疏忽呢？

環境衝擊 ★★★

一九八八年身爲其父那場成功選舉的資深競選顧問時，布希在想出那些攻擊麻州州長杜卡吉斯環境成績的負面廣告上頗有功用。以波士頓港爲背景，老布希責難每天有五億加侖幾乎沒處理的廢水與七〇噸的沉澱物流入河道。「我的對手對此一污染的解決之道是：拖延、對抗、什麼事都做了，除了清乾淨之外，」他嚴詞譴責。

不到十年，身爲德州州長的小布希被指控帶有「環境種族主義」，身陷其父對手當年所遭遇的相同責難。民主黨二〇〇〇年總統大選提名人高爾就大曝布希糟糕透頂的環境成績，尤其是在核廢料的傾倒方面。

一九八〇年起，許多州都在爲主要來自核子反應爐與工業用戶的低輻射廢棄物該如何、該在哪裡傾倒的棘手問題上大傷腦筋。在國會規定發展出地區型解決辦法的命令下，四十一個州形成了九個聯盟。然後一九九七年，緬因、佛蒙特與德州尋求成爲第十個經由華盛頓的議員們核准的聯盟。

在它們最後經眾院同意的三州聯盟中，緬因與佛蒙特將爲它們獲准傾倒廢棄物在德州而各付予德州二千五百萬元。但就在這個三州聯盟徐徐往前推進時，其他聯盟的州開始質疑它們在類似聯盟中的參與，思考為何需要有國會幾乎是在二十年前想出的九或十個傾倒場。

布希州長大力支持國會對德州與緬因、佛蒙特之間低輻射廢棄物聯盟的背書，爭論說若無此協定的話，德州可能會被迫接納來自其他幾個州的廢棄物，而非只是兩個州的。

很多德州法務顧問與政治人物不同意，說「聯邦政府強迫某個州去蓋個傾倒場是行不通的，但一旦蓋了，要強迫那個州去接受來自全國的核能廢料就可能行得通」，美國衆議員羅伊德．道傑特（Lloyd Doggett）為此聯盟授權法案附上一份修正案。在他提出的法案下，德州將只接受來自緬因和佛蒙特的廢棄物。

當國會重新對此案展開最後協商時，州政府官員選上了西德州布藍卡嶺（Sierra Blanca）五哩外荒涼的法斯肯牧場（Faskin Ranch）沙漠區做為造價三千四百萬元的掩埋場的預定地，該計畫遭到該區居民與附近的墨國環保團體反對。

承認這是「一個對某些人而言非常動肝火的議題」的布希州長還是認為這個多風砂的地方是做為核廢料傾倒場的理想場所。「這個廢棄物規畫場將是最新型的，」他

告訴新聞界。「這些是低輻射廢棄物，而且只有低輻射廢棄物，」他說，並補充說這些會被儲存在水泥封內的物品主要是橡膠鞋、手套等「醫療材料」。

布希忽略不提緬因官員希望送到西德州的那些較有威力的廢棄物：太大以致無法放入水泥封內的「過大」反應爐零件，以及其他來自於關閉的「緬因洋基核能電廠」的鈽浸透過的廢棄物。

布希也未說明經常發生地震的布藍卡嶺地區的地質不穩定性，或掩埋場對水源的影響。該場距離大江（Rio Grande）有十八哩且山巒環繞，科學家已對於下游水域都可能如何受影響的情形表示過異議。幾位布藍卡嶺的居民稱州長為「德州的叛徒」，並力主「環境種族主義」是選上靠近墨國邊境的這個窮鄉僻壤的部分動機，證實該地已是一個接收來自紐約市的廢棄物的傾倒場後，居民尤其這麼認為。三千六百名居民中，只有一千六百名是登記的投票者，百分之七十的人口是西班牙裔。

後來愈來愈多居民在窗戶上掛起一個標語表明心跡：**注意：致任何打算傾倒危險或有毒廢棄物到我們家園的客人：我們不准你們拿我們當傾倒場利用。我們的健康、子孫、水源和土地對我們而言是最珍貴的。**

墨國國會五個黨以罕有無異議通過要求美國與德州尊重一九八三年雷根總統與該國總統簽訂的條約。該條約是爲「北美自由貿易協定」成功鋪路的一系列條約之一，該條約禁止在沒有得到兩國的同意下在兩國邊境任一邊的一百公尺內，或說是六十六哩內的一塊狹長地帶內從事冒險計畫。

之前附上修正案的衆議員道傑特呼籲特別注意布希州長的兩面手法，他說布希於公開場合支持修正案，私下卻遊說委員會將這份限制作用的副件內的法案一條一條剝光。在致其他衆議員的信中，布希抱怨該修正案將會耗費時間與金錢，並會藉由不允許德州與其他州談判新的傾倒場合約而侵害「德州主權」。

漠視各方對環境種族主義的抗議，美國參院還是以七十八票比十五票通過了這項引發爭議的聯盟法案。

這個國會授權的核廢料場最後要通過的障礙點是必須取得「德州自然資源保育委員會」核發的作業執照，該會的三人小組是由布希任命的委員組成的。投票前幾天有二名法官建議該會不要核發執照給該計畫案，他們舉出「對大衆健康與安全的不合理風險」及「對環境的不利影響」的潛在可能。

大出布希意料之外地，該會決定同意法官的建議，迫使德州放棄了在布藍卡嶺的預定傾倒場。

數週內布希支持的法案於第七十六屆議會中被提出，該法案是要修法來允許私人工業能積極參與利潤看好的核廢料處理業。在布希米德蘭家鄉西北方安德魯（Andrew）郡的官員立即提出一個替代布藍卡嶺的場地，被視爲是對這個在經濟上遭受油價與天然氣體下跌重創地區的聲援。

已在安德魯郡一處經營危險與有毒廢棄物處理的「廢棄物控制專家」公司被視爲私有化的最可能受益人。布希長期友人及其競選時的實質捐款人達拉斯億萬富豪郝沃德‧賽門斯（Howard Simmons）於一九九五年買下了該公司的控股權。

根據報表，賽門斯於一九九九年年初成立了一個二十四人的遊說團，成員包括州長在聯邦——州關係與環保事務上的前助理，來協助他從該州弄到一個合約來處置愈積愈多的低輻射核廢料。

根據一九九九年由北美三國的「北美環境合作委員會」所做的一項研究發現，德州污染情形比任何一州或加拿大任一省要嚴重。

佔全州工廠廢氣排放量三分之一的小型工廠，因爲一九七一年「德州清淨空氣法案」規定必須使用「最好的控制科技」所造成的法律漏洞之故，而不必配合防治污染規定。在該法生效前興建，或說是不受新規定限制的小型工廠不受此一更趨嚴格的污染防制法與適用於新工廠的德州許可證限制。

雖然州長答應於一九九八年一月州情咨文上承諾「要藉由明顯減少來自老舊、不受新規定限制的工廠的廢氣排放量來使我們德州空氣淨化」。環保人士與人民團體要求強迫那些被排除在法案外的工廠取得廢氣排放許可，並配合現代社會較嚴格的污染限制，否則勒令關廠並向布希施壓，布希不斷抗拒。布希列舉安裝污染控制設備的一堆成本及可能會失掉「全德州數萬個工作」的種種理由，偏愛一個允許這些不受新規定限制小型工廠經營人，自動減少廢氣排放量的法案。

在第一任任期將要結束前的記者會上，布希稱讚三十六家不受新規定限制的小型工廠和它們自願的努力，說「已造成數十家工廠減少廢氣排放量」，一年共減少二萬五千噸。環境衝擊研究與布希的說法相互矛盾，顯示三十六家公司中只有三家已眞正減少污染量，共計約爲布希所說的二萬五千噸的六分之一。此外，只有十家公司答應未來在其老舊製造廠中減少廢氣排放量。

一群環保人士、公共衛生促進會及消費者權益提倡者指稱州長的自願計畫是以德州人健康爲代價，給該州一些最大、最有錢公司——大都是電力、石油、天然氣公司的「禮物」。無庸置疑，這些公司近三十年來已經藉由拖延改善空污排放量而省下了數百萬元。

代表尋求繼續不受限於環保規定的工業界，一些政治行動委員會和遊說者，在一九九三年至九八年已捐給該州的政治競選陣營一千萬以上，其中有五十六萬元以上是用來支持當時的州長布希的，根據非營利的「公共研究工廠」環境組的報告顯示。

在布希州長任內有三分之一的河川違反聯邦的水質標準；「自然資源防禦會」於一九九九年開出的六個「海灘流浪漢」州名單中，德州因為缺乏一套特別設計為用來通知泳客有來自污染中的潛在健康風險存在的全州海灘水質監測系統，以致第二年榜上有名；環保局揚言抵制德州，包括對商業發展的限制與公路經費的否決，因為州長對如何清理達拉斯－沃斯堡的過多污染提出了一份不完整的計畫；而且當州長成功對抗車輛廢氣排放測試時——理由是認為對車主不便——執行該計畫的公司提出控告並獲賠一億四千萬元，其中百分之九十由本已留出要用來淨化德州空氣與水源的經費中支付。

雖然布希州長一再表達對其環境成績洋洋得意（「從我成為州長以來空氣更乾淨了」），並對認為他在環境方面需要改進的建議怒不可遏，但是極明顯的是他在環保議題上比置入第一個「綠色」辭語於自由貿易協定上、簽定一九九〇年「清淨空氣法」、簽訂第一個對抗全球溫室效應條約的老布希來得保守。

靠右行駛 ★★★

自從成爲州長以來，迎合基督教基本教義派權利與它核心的社會議程已成爲布希「同情的保守主義」政策的主要架構。

在墮胎的主題上──宗教保守主義者的核心議題──他聲明支持一個禁止合法墮胎憲法的修正案，卻說在推翻堅持增加禁止墮胎及規定要有父母同意的議題上，美國人的「心是不正確的」。（此外布希促銷他的「權利選擇」青少年創制權提案，該提案強調「直到異性戀結婚爲止的禁慾」，他並督促加速青少女未婚生子收養程序法律的提案。）

雖然他曾因勸戒他的共和黨伙伴要「以尊重和尊嚴」對待同性戀者而受到同性戀團體讚譽，但他反對德州反雞姦法律的撤銷並在州議會支持禁止同性戀者在該州「兒童保護服務」機構監護下成爲養父母或收養兒童。

另外在試圖吸引該黨宗教右翼與反同性戀權利者方面，布希宣布他反對將性導向

包含在法案中來釐清德州「仇恨─犯罪法」的法案，該法案對將被害人以諸如種族或性別一類特殊理由當作犯案對象的加害人加重刑責。

在學校禱告式的爭議上，布希試圖藉著疾呼他對一個憲法修正案的支持來懷柔宗教保守主義者，但補充說他較贊成祈禱式在教育機構中是以默念的方式進行。他也提倡在公立中學橄欖球賽前進行自願的禱告式，不過他小心翼翼地說這個選擇權應留給學生。

布希也贏得宗教保守主義人士對他毅然支持德州議會的「宗教自由恢復法案」的支持。該法案規定除非有強制性的政府利害關係，否則禁止政府機構限制個人行使宗教自由權，且規定政府機構應使用最不具限制性的強制執行方法。

法律學者說藉由賦予反對法律的權勢給宗教的話，該州將會在避免兒童受虐上受到阻礙，而且坐視在宗教學校與家庭中反歧視法律受危害的話，該州會陷入試圖定義宗教的法院訴訟的混亂局面中，地方政府在防止員工於職場上勸人改變宗教信仰上會沒有權力。該法案的反對者也注意到它和因爲「違反三權分立、威脅到聯邦與州之間平衡、忽視憲法修正上的認可程序」而遭到美國最高法院否決的一個聯邦宗教自由法案幾乎一模一樣。

法律教授瑪西．漢米爾頓（Marci Hamilton）說州長「對宗教自由法案最易受攻擊之處和它們對法規的直接攻擊還是那麼健忘。有些人認爲他的幕僚沒有告訴他賦予所有宗教此一極爲法定的工具的眞正後果。他看來就是不了解這樣一個法案所預告的惡果。」

「德州宗教自由恢復法案說得既大聲又清楚：德州將不會爲政府干預宗教自由行使而奮鬥，」州長於一九九九年簽署同意該法案施行時表示。

布希曾承認其政治理念已被強烈的衛理教徒信仰定型了。而且布希在政治競技場上強施他的宗教信仰時，從未顯得不情願。

州長的「以信仰爲本」的立法議程包括去除州營的津貼計畫並允許宗教機構提供福利服務、提供已付稅的劵單給兒童去就讀私立學校，而且允許教會組織提供戒毒計畫。州長也鼓勵州立監獄提供可能導致改信基督教的以聖經爲本的諮詢與更生計畫，並倡議允許社會服務提供者由諸如宗教組織，而非醫學或保健協會一類的「替代的認證組織」核發執照的計畫。

滿意布希「同情的保守主義者」執政理念且留心他的領先者地位的黨內宗教右派中，較實際的人士判定這位前總統之子要比奎爾、布恰南或其他任一位二〇〇〇年共

和黨可能的角逐提名者都更具候選資格。

布希已贏得一些有影響力的電視佈道家的支持，像是派特·羅柏森（Pat Roberson）這位「基督徒聯盟」的創辦人就承諾要為一個「愛上帝」的人募款二千一百萬、僱用十萬名黨工、發放七千五百萬本「選民指南」來影響二〇〇〇年總統大選。雖然羅柏森並未成功促請布希饒過重生的基督徒塔克一命，但他在公開論壇上總是一再讚美這位德州州長。

布希也得到兩位領導全國最大的新教徒教派的本土德州人對他表示信任。在一場年度宗教會議上，南浸信會會長派吉·派特森（Paige Patterson）牧師告訴媒體他對布希的第二任期會站在保守的基督教議程這邊感到欣慰。在公共政策議題上促進該教派定位的教會會長理察·藍德（Richard Land）補充說「我要說的是我認識的反墮胎的、保守的福音教派基督徒中大多數的人對布希的一些言行感到很振奮。」

宗教領袖們對布希的「同情的保守主義」所做的評價，突顯了在進軍白宮的準備上，當布希試圖通過微妙棘手的社會議題困境時所面對的難度。

沒有宗教保守人士的支持他無法打贏共和黨初選，並在大選中與人競爭，但他也不能沒有溫和派的支持。

但首先布希必須先打贏連任德州州長的選戰。

第11章 用走的，別跑

「某人正考慮參選的想法有點嚇人，不是因爲他生來就要領導這個國家，而是因爲他看來似乎是在有符合的位置、有符合的名字以及朋友的符合時機。」

「哥倫比亞廣播公司」（CBS）特派記者

瑞塔·布萊爾

第十一章 用走的，別跑

若你必須拿你的房子來當賭注，你不會想賭，但若你今天非賭不可，你會賭二十四個月後我們會坐在這裡擔心布希先生的內閣。

——「美國廣播公司」(ABC)政治評論家喬治．F．威爾(George F. Will)於布希州長一九八〇年連任大勝後

某人正考慮參選的想法有點嚇人，不是因為他生來就要領導這個國家，而是因為他看來似乎是在有符合的位置、有符合的名字以及朋友的符合時機。

——「哥倫比亞廣播公司」(CBS)特派記者瑞塔．布萊爾(Rita Brayer)

蠢蠢欲動 ★★★

在布希正式宣布尋求連任的前幾個月，在德州與全國都不時有揣測其二〇〇〇年角逐總統希望的新聞報導和他常試圖駁斥的新聞標題出現。

「忘掉華盛頓！」他重複說著，說他的焦點擺在該州最高行政首長的下一任期，「我不在全國或共和黨的方面打算，我從對德州最好的事情上思考。說真的，我已經忙

得分身乏術。這是個很大的州。」

然而即使正在抗議著說他心繫德州，這位正在第一任期當中的州長還是已經進行了幾趟愼選的州外之旅，並挾著去年夏天擔任一九九六年共和黨全國代表大會雙主席之一的全國知名度，參加在南卡羅萊納州、維吉尼亞州、俄亥俄州以及加州的募款會。

在俄亥俄州一場爲該州長候選人鮑伯・泰伏特（Bob Taft）舉辦的募款會上，布希是衆人的焦點。「通常開立支票但卻不關心照料活動的人會出席活動，」泰伏特陣營的經理布萊恩・希克斯（Brian Hicks）說。「而且一般兩樣都做，但不在意有無拍照的那些人卻收到了照片。布希是個萬人迷。」

「他到一些或可說他是在那裡釣魚的聚會，」政治顧問喬治・克利斯汀（George Christian）說。「但他掩藏得很好。最佳的手腕就是隨和的手腕。這些人中有一些在決定爲了某樣事物而參選時，往往把它秀過頭了。」

顧不了在黨內有提名選舉權者之間的備受愛戴，布希可不想冒犯那些認爲他不過把州長職位當做總統職位踏腳石的選民。雖然他公開表示「從來不重視民調」，但他還是很清楚德州人最近一次的民調顯示贊成或反對他參選總統的各有人在。

「我知道有許多臆測，但我的腦袋與心靈就在家鄉，」布希告訴記者，補充說他打算置他的「腦袋與心靈在這份工作中四年以上」。那表示正在承諾一旦連任就會服務滿整個四年任期嗎？「不，」當他舉辦一個正式的參選州長的誓師會時回答。「但我們日後會說明。」

其實競選州長連任是使他與家人於二〇〇一年搬到白宮的一個詳細計畫中的第一步。若連任選舉沒有贏得值得尊敬的票差，則他覬覦總統職的熱望勢必都將成爲泡影。一個勉強擠回職位上的州長會被視爲虛弱得無法扛起總統提名人名單的。

雖然布希的主要政治焦點是在壓倒性贏得連任，但他可也不能忽視全國的觀衆。接下來數月迎接他的挑戰是同時追尋兩份政治職位。

「符合的條件」★★★

一九九七年十二月三日，距離投票日不到一年時間，布希在他童年就讀的米德蘭的山姆．休斯頓（Sam Houston）小學正式宣布爲連任德州州長而參選。

布希回顧其第一任任期的執政記錄，並說地方上有了較多的學校控制權、福利制度已轉而強調讓人們回到工作崗位、訴訟改革創造了審判上較大的公平性、刑犯假釋率是該州歷史上最低的。

雖然他已答應了好幾個月，說會在正式宣布問鼎連任時討論任何當總統的抱負，但在後來的誓師記者會上布希食言而肥，「今天我不知道是否要參選美國總統。我打算如願連任州長。」

挾著一千三百萬元競選經費做後盾的布希一家人離開了米德蘭，踏上一場爲期六天、跨越二十四個城市的旅程。意在突顯他與民調落後他五十個百分點的民主黨挑戰者——德州土地行政長官蓋瑞・毛洛（Garry Mauro）差別之處的。

在倒楣的毛洛參選前數月，該州的民主黨權力經紀人試圖勸阻，怕毛洛在對手可觀經費、知名度以及傳統支持者黨派基礎上的缺乏會讓民主黨輸得很難看。

在這場選舉中因爲秘密與肺癌搏鬥而決定不競選連任的民主黨副州長布拉克也不看好毛洛。

諷刺的是造成毛洛這場政治自殺的參選是出自毛洛對柯林頓夫婦的一片忠心。根據毛洛的競選助理表示，這位與柯林頓私交甚篤的州長候選人私底下是受到第一夫婦請託而出馬與布希競爭的，藉以打擊這位高爾二〇〇〇年參選總統的潛在對手之一。

當布希與毛洛民調差距愈來愈大時，這位民主黨候選人遭到前所未有的政治羞辱，就是全州有一百位以上的民主黨籍官員公開背棄他，並替他的共和黨對手背書，包括不顧與毛洛長期友誼的布拉克在內。

「在我的公職生涯中，我曾在七位州長麾下效勞，而布希州長是我效勞過最好的，」布拉克向新聞界宣布。

當布希在該州各地競選時，他被要求在實質上把每一站的拜票都當做是在為二〇〇〇年該黨總統提名競選，尤其是在「美國有線電視新聞網」／今日美國《USA Today》／蓋洛普民調顯示布希贏過二〇〇〇年總統大選民主黨可能提名人高爾數個百分點後。

在幾場競選活動中他告訴該黨黨員，「德州鄉親們，我答應會為神聖的州長職位帶來光榮與尊嚴」，隱含與白宮和柯林頓性醜聞做比較之意。這位共和黨總統提名領先者藉由宣稱擁有繼承其父舊職的「符合的條件」及其妻「清楚她能成為一位偉大的美國第一夫人」而幾乎絲毫沒有減低此種臆測之意。

然而布希並未料到他的全國支持度攀升得這麼快，至少在六個月前他和主要的策略人員苦心計畫時還未料到。現在對於他是否參選總統接踵而來的揣測蓋過了他的連任訴求，並加速了媒體的深查細究，或如他所形容的，對他和家人而言是「在泡沫裡的生活」。

決定不要在受到接踵而來的關注和干擾，小布希決定將於一九九九年年中議事會期閉幕後，再宣布對總統志願的預定時間表；當預定時間表宣布後，布希、其德州顧問、華盛頓顧問紛紛投身「布希計畫」——他們幫助州長就任總統的一份藍圖。

步驟一：壓倒性地連任★★★

全國的共和黨及民主黨人士都將注意他勝出的票數多寡和在其他全州型選舉中他的政治效應時間長短。雖然布希幾乎從參選第一天以來就領先毛洛五十個百分點，但他的目標是使這場戰局放大，並贏得百分之六十的選票。

爲了達成目標，他先馬不停蹄展開六天二十四個城市的競選之旅，接著十一個月中又採短兵相接的策略，設法像芮裘仕聲望達巔峰時一樣具有德州政治明星的架勢。

比起其父，小布希情緒放鬆，但相較之下也更爲親切，布希與像其出名老媽一樣有著滿頭白髮的婦女合照，並爲像是遇到搖滾明星般格格笑的年輕女孩們親筆簽名。

布希的競選演說風趣、會開自己玩笑，並且仁慈地言簡意賅。在鄉下穿著牛仔衣與牛仔靴，他的西德州口音要比他在達拉斯穿著細條紋西裝，對著一些梳洗乾淨、公事包厚重的商業領袖演說時更重、更平民化。

「我是個政治動物，」州長承認，「但我認爲競選並不深奧，議題才是深奧的。辯論應該深奧。但競選眞的只是一個把訊息帶給選民，然後讓選民去投票的事。它並不複雜。」

一個年輕且平易近人，比四年前更佳的競選者布希把柯林頓式與社會各階層人暢談各種話題的能力運用自如。一九九四年他是一個初出茅廬必須說服選民相信他不只是個有位想要領導德州的老爸的共和黨挑戰者。現在他是位站在競選跑道上告訴選民，「我想要贏，且我想要大贏」的勢不可擋候選人。

步驟二：囊括西裔選票★★★

二十世紀初葉，民主黨是最早迎接一船又一船移民美國者的政黨，他們對這些移民提供幫助，大選時有些人士給移民們一元銀幣並贏得他們的死忠。但是這些年有愈來愈多向來投票給民主黨的西裔人士在財政或社會議題上的見解從根本上保守起來，並轉而投票給共和黨。

西裔族群構成了美國最大的單一民族與文化上的少數族裔，而且到二〇二〇年可望成爲德州與加州的多數族裔。

一九九四年第一任州長參選時，得到百分之二十四西裔民衆支持的布希於一九九八年定下目標要囊括百分之四十西裔選票。此外，若在德州寫下一個這樣的記錄將可擴展對全國少數族裔的吸引力。

「若我能做得好的話，我認爲對我而言去顯示出有個吸引選票的方法存在著是很重要的，」布希承認。「西裔選票本質上是保守人士選票。它倡導家庭觀念、代表著是熱愛自由的進取精神、而且有史以來就是支持軍方的選票、它是非常天主教性質的選票，故而它應該被持有我這樣理念的人所囊括的。」

雙聲帶的州長全州走透透，並拜會社群領袖；出現在西裔歡慶集會上；積極遊說共和黨將二〇〇〇年全國代表大會選在全國最大的多數西裔城市聖安東尼奧（San Antonio）舉行。

然而布希在一九九八年的競選跑道上說，「對共和黨而言不被視爲反西裔是很重要的」，但在第一任任期時他曾積極支持布藍卡嶺輻射廢料傾倒場的興建；建議在德州與墨國之間再安裝一道鋼鐵籓籬（**一道柏林圍牆**）以幫助控制非法移入；反對從德州大江水土保持區給予乾旱下的北墨西哥水權上的讓步；並對於爲停止出生於美國的非法者自動公民權的憲法修正案背書的共和黨黨綱保持緘默。

《德州觀察家》(Texas Observer)富調查精神的記者奈特·布萊克斯利(Nate Blackeslee)說州長於一九九八年選戰中想要與西裔族群發展出「特別關係」的企圖在範圍與企圖心上是前所未見的，但「缺乏實質內容」。在德州，每三名西裔兒童就有一名沒有任何保險，而且「在布希主政下邊境地帶的生活未見改善」，布萊克斯利寫道，指出缺乏自來水、街道沒有號誌與路燈，以及一些在這個疾病發生率居全州與全國之冠的已開發世界中最悲慘的居住條件。「因爲缺乏在教育、醫院、一般基礎建設的公共投資，邊境仍保持未開發。」布某總結說。

爲《休士頓編年》(Houston Chronicle)寫稿的芭芭拉·雷諾德·恭拉雷茲(Barbara Renaud Gonzalez)指出，該州的西裔人口與白人相較之下有較高的出生率、產婦死亡率、心血管疾病、癌症死亡率、愛滋病感染率卻有著較低的壽命。「當每件事都確實保持相同時，布希已經操縱了漠不關心的幻象，」恭某說。「而我們高興地跪下了，因爲我們已經餓了這麼久。」

步驟三：讓共和黨副手當選 ★★★

德州是個州長和副州長分開競選且偶爾來自不同政黨的州。德州副州長不只是個在保護中等待州長死亡或失去資格——或選總統的州——但反而有眞正的政治安打，因爲副州長主持州參院、州預算會，並任命參院委員。

在只有布希會勝出毛洛多少得票數不定的情況下，一九九八年全州型的大選中就只有在民主黨州審計官員約翰．夏普（John Sharp）與共和黨農業行政長官瑞克．裴瑞（Rick Perry）之間的副州長競選最爲重要。

「布希計畫」之一是要確保裴瑞成爲德州史上第一位共和黨副州長，布希的政治策略人員計畫一場大型且昂貴的選民登記與出席活動，將目標鎖定位在郊區成長迅速的郡，州長希望如此能替裴瑞與其他該州共和黨候選人提供產生連鎖效應。

在他們充滿信心的規劃上，若選民出席人數是四千五百萬人——比一九九四年多出十萬人——而布希得票率是百分之六十的話，裴瑞一定能有九十萬票的票差。要打敗他的共和黨對手的話，夏普必須說服四十五萬位選民放棄共和黨。若投票日當天出席數或州長票差有一者較高的話，夏普必須扭轉五十萬張選票。布希的政治顧問與策略人員計算，夏普選上副州長的唯一的方法是，共和黨黨員對提名人名單過度自信導致的低投票率，而這是他們認為不太可能發生的事。

公開承認副州長選戰結果將是他決定參選總統「一個因素」的布希請求其父幫忙裴瑞打贏這場選舉。老布希於一九八八年整個大選中只參加了兩場募款會，而且是都為裴瑞辦的。

步驟四：讓其弟當選佛羅里達州州長 ★★★

一九九八年傑布・布希（Jeb Bush）面對資深眾議員暨擔任現任佛羅里達州長曲爾斯八年副手的巴迪・麥克凱（Buddy MacKay）的挑戰，但布希在民調中領先十七個百分點，主因是布希已從保守的理論家跳脫成為建立共識的問題解決者。一九九四年的選戰中，布希選擇直言不諱的重生基督徒議員為競選伙伴，並反對以墮胎做為競選議題。他也大大忽略在佛羅里達州向來投票給民主黨的黑人選民，甚至過分且不客氣地告訴一位非裔美籍婦女說他若當選可能會為她的社群「做不了任何事」。

四年後這位變得較平易近人且較包容的候選人，開始積極攏絡黑人，他與其他人合辦的一所位在邁阿密窮困的、附近大多是黑人的包租學校並且做了不少事。他也不再重視他的保守原則、不再逃避墮胎議題，但也不再提出。而且其競選夥伴是該州政壇的一位中間路線、沒有無聊言行的共和黨政治明星。

諷刺的是政治分析人員預測過傑布一九九四年會贏得佛羅里達州州長選戰，而其兄小布希不可能擠下芮袠仕。四年後他的兄長布希從劇本上撕下一頁並忠告傑布要如何打贏選戰：收起你的傲慢、承認你是錯的、主動接近新觀衆、聚焦在一個簡短的優先事項清單上。重要的是，傑布的西裔妻子給了他一個通往這個該州最大的、很快就要成爲全國最大的少數族裔的便道。

傑布競選佛羅里達州州長對「布希計畫」在策略上有多重要？這個日光之州是個有二十五個大選舉區的全國第三大人口密集的州，加上德州的三十二個大選舉區，代表布希在需要贏得總統大選的二百七十個大選舉區中將鎖住這五十七個大選舉區。此外在兩兄弟都任州長的情形下將有八分之一的美國人在布希兄弟治理下。據小布希的政治策略人員表示似羅斯福、洛克裴勒、甘迺迪等政治家等成爲政治王朝後將產生「雪球效應」。他們意識到政治族譜可帶來知名度、經驗，甚至給選民的安定感。

在佛羅里達州第一至最後一場傑布與麥克凱之間的辯論會上，坐在麥克凱面前的前第一夫人芭芭拉最重要的任務是：用冷淡的眼神瞪視麥某對其子生意交易與生意往來對象、他的判斷與他在選舉經驗缺乏上來進行刺耳的攻擊。

德州州長還派出政治策略人員使傑布的競選有組織並開發出把麥某刻劃成家大業大、政府收了稅就花掉的敗家子般負面廣告。尤其有效的是「他不是我弟兄」（譯者按：麥某教名『巴迪』Buddy之意）的廣告。

更重要的是小布希在德州的政治財務網絡捐了一千萬元以上給其弟的陣營，這引起新聞界關切，指稱佛羅里達州政治獻金中有五分之一來自石油利益。環保人士、記者、民主黨官員大聲質疑這些獻金來自亟欲在佛羅里達外海，尤其是在浮洲（the Keys）那裡鑽井的石油公司。

「若佛羅里達州的民主黨人士不了解兄弟之愛，那他們最好重新評估他們的感情，」德州州長回答。「我幫助我弟弟是因爲他是我兄弟。若他要求幫助，我義不容辭幫他。」

佛羅里達州民主黨主席米曲．西薩（Mitch Caesar）懷疑許多德州給傑布陣營的獻金其實用意是要幫助其兄在二〇〇〇年總統選舉時拿下這個人口稠密的州。「他們在拿佛羅里達州的未來玩弄權謀。」

投票日 ★★★

當德州布希州長於一九九八年十一月三日以百分之六十九的得票率擊敗毛洛後，他的總統大選藍圖已達成第一步了。布希得到共和黨在德州歷年來全州型大選勝利中最高的得票率，攻下該州的每一區和二百五十四個郡中的二百四十個。布希也成爲拿下西裔人多的愛爾・帕索（El Paso）郡和民主黨票倉的該州首府奧斯汀的所在地塔維斯（Travis）郡百分之六十的選票。州長獲得百分之六十五的婦女選票和百分之四十九的西裔選票，輕易超過邁向總統之路的「布希計畫」步驟二的百分之四十得票率的目標。另外他也以百分之二十七的得票率在非裔美籍人士中打下江山。無獨有偶的是除了他的大勝外，他所領軍的包括當選的副州長在內以及所有十四名共和黨全州型選舉候選人也都的順利當選。

德州州長也在這次選舉中展現他是一位強勢型競選者、他可以募到許多款——在全國型選舉中的重要技巧。布希和德州第一夫人於一九九八年在七十二個募款會上爲全國的共和黨候選人和該黨組織募得一千零四十二萬六千八百六十一元。**（另外在一九九七年也爲一九九八年的競選在三十個政治活動中募得四百萬元。）**

然而在他獲勝的同時，該黨也失去了五個眾議院席次、在參院無法賺到席次、州長席次從三十二降到三十一。這是自一九三四年以來，首次有元首所屬政黨在期中選舉中賺到席次。

在選後損害評估上，共和黨人士同意他們在莫尼卡·路文斯基（Monica Lewinsky）緋聞與彈劾聽證會方面的反柯林頓競選話術上操作錯誤。投票前衆院議長金瑞奇等人預期對柯某性門案感到厭惡的選民們會轉向右派並使這個衆議院多數黨增加十二席。但沒想到對此話題感到厭倦的選民反而讓民主黨在下院得到更多席次。

以壓倒性的勝利和親近選民的「同情的保守主義者」議程增強自己在二〇〇〇年共和黨總統大選的領先者定位的布希，促請全國共和黨領袖們選後立即推動讓金瑞奇辭職。

在與一個共和黨衆議員的電話對話中，德州州長說，「瞧，我或許要競選總統。我想我能得到提名。若我敗給高爾，我希望是因爲我自己的錯誤造成，而不是因爲金瑞奇。」，金某在一九八八年選舉時的民主黨攻擊廣告中，被當做共和黨極端主義與麻木不仁的幕後首腦而加以妖魔化。

在黨員同志的圍剿下，在被愛將與仰慕者們放棄、被來自全國該黨領袖們最後通牒強迫下，金某於選後短短七十二小時後宣布不只辭去議長職位，也辭去衆議員職位。「我不要在食人者之中做主席。」他憤怒且挖苦地向黨員同志發出不平之鳴。

對這位在這場共和黨慘烈的期中選舉中的全國最大贏家的德州州長而言，衆院議長的突然離去是甜蜜的復仇。一九九〇年代早期，當時是少數黨黨鞭的金某，藉由指稱白宮對衆院民主黨議員讓步，來破壞布希總統的預算折衷案而被當做不信仰國教者稱頌。金某也於一九九二年連任競選中抨擊布希總統停滯不前且無法推動一個更尖銳、更右翼的議程。

六年後金某已被趕下台，而另一個布希正被當做這個分裂、氣餒的「偉大舊黨」（**共和黨別稱是：**Grand Old Party）的未來領袖擁戴著。

德州二部舞★★★

爲進軍總統之路設計的「布希計畫」中的一個重點，是要在不犧牲其民調領先者地位的情況下盡量拖延正式的宣布。

按照該計畫，州長將於一九九九年三月向州議會提完各法案後宣布成立總統選舉試探委員會（**讓布希使能募款**），並於雙年議會會期結束後於夏末宣布競選。若在之前宣布的話，他的顧問們認爲會因爲不夠潛心州務而遭到修理。

布希在州長官邸與一小團一小團富有的共和黨名人舉行了私下會議，他向他們尋求贊助競選總統所需的二千五百萬經費。

布希數度會見一群與其討論在總統競選時會訴求的外交關係、社會保險、財稅改革議題的公共政策專家。包括前國務卿喬治・舒茲（George Shultz）、前國防部長狄克・錢尼（Dick Cheney）、前白宮經濟事務委員會主席麥可・柏斯金（Michael Boskin）等人。

布希也在中東與以色列、埃及領袖會面時試圖撐出一個國際形象，不過他說只是與蘿拉走一趟「非政治」的渡假。他在以色列被當做已成氣候的外國高官要人歡迎，不過當猶太領袖們要他釐清他之前對宗教所做的一些評論時，他遭到一陣爭論砲火猛攻。

一九九三年在首度參選州長正式開跑前，布希在他的達拉斯辦公室內，告訴《休士頓編年》的記者一件關於打電話請傳道人暨家庭友人葛洛漢仲裁家中討論話題的事。衛理教徒的布希說他曾告訴主教派信徒的母親芭芭拉說，他認爲天國中沒有任何不把耶穌當做個人救世主來接受者的位置。芭芭拉打電話給葛洛漢，葛某同意布希「對新約的闡釋」，但告誡母子倆「絕不要玩弄上帝」、「不要是嚴厲審判他人」。布希對媒體說這件事後，當時曾引起短暫的風波，尤其是在猶太新聞界，但從未成為主要的競選議題。

布希在一九九八年連任成功後，以及他做為潛在總統候選人的領先者地位於一九九八年年底確定後，《紐約時報》以大篇幅報導重新炒作這個具爭議性的言論。就在出發前往中東進行「家庭渡假」前，布希向記者簡介他於紐奧良舉行的共和黨州長協會上的國際議程。雖然無疑是開個犧牲他自己的玩笑，但他說他會向他的以色列主人說的第一句話是他們都正在「going to hell」（**譯者按：在此有「生氣」與「下地獄」的雙關含意**）。

曾經質疑布希一九九三年宗教偏狹言論的猶太人說這段紐奧良嘲諷是「不適當的」。走在總統候選人的繩索上，布希負擔不起冒犯那些政治參與是由他們的宗教信仰牽引的基督教右派人士，但他也不能疏離有影響力的猶太選民。

一場擴張他的外交政策資格的嘗試是，與前來美國訪問拜會完柯林頓總統及其他華府官員的阿根廷總統卡洛斯．美能（Carlos Menem）打高爾夫球。他在州長官邸與想討論布希的「同情的保守主義」主題的英國保守黨黨魁威廉．海格（William Hague）舉行會談。這位保守黨黨魁事後說他可以從布希這邊得到有價值的見解，和首相東尼．布萊爾（Tony Blair）從柯林頓總統那獲得見解是同樣的方式。

正當德州議會大樓像個迷你聯合國時，布希也與上任後的加國總理布萊恩．馬洛尼（Brian Mulroney）與另兩名來自波灣卡達（Qatar）這個國家的政要會晤。他告訴新聞界說總統的「深思熟慮似乎已經造成更多政府，將他們的使節送到我的路上來了」。

在及早爲初選做的準備中，布希寫信給新罕布夏的退伍軍人競選陣營籌辦人，要求他們「準備萬一」並延後對其他總統候選人將採取的定位。

在州長的第二任就職演說上，布希對凌駕德州領土之上的主題做出談論，且聽來像是一場潛在的總統選戰的要素。使用那幾乎使所有柯林頓總統的重要演說產生動能的三個一組的意見，布希談到了擴大機會、要求個人責任感、發展跨種族的生活共同體意識。

在吸引少數族裔選民上，小布希任命麥可．威廉斯（Michael Williams）這位非裔美籍布希政府內掌管民權事務的前教育部長，出任有三名成員的德州鐵路委員會，該會是掌理該州石油與天然氣生產的權責機關。布希也任命西裔的艾爾．恭拉爾（Al Gonzales）掌管德州最高法院。

小布希將一九九六年成爲加州一百一十五年來第一位共和黨籍州議員的榮・帕契可（Ron Pacheco）網羅到他不斷擴張的全國顧問網絡中。「但我未接到其他任何一位競選總統者的電話。那告訴了我他知道他在做什麼，而且他注意到了，」帕某告訴《今日美國》。

在承諾在一九九九年前五個月該州議事會期期間不前往德州之外的地方做政治之旅的情形下，布希寄出錄影帶給主要捐款人、已當選的共和黨州型和全國型公職等人士描述其成就。這些包括演講、競選廣告等的帶子並且論及可能進軍二〇〇〇年總統大選。

大多數的該黨加州州議員寫了一封信給布希做爲回應。「我們請求您做出當我們總統帶領美國的有利考量，我們向您獻上我們的支持。」連署書上說。

由大約一百位現任與卸任共和黨籍衆議員組成的「徵召布希二〇〇〇年委員會」也簽署了一份促請州長參選總統的支持信。

北卡羅萊那州該黨議員代表團在州長官邸拜會後，告訴媒體他們希望他指定北卡出身的杜爾做爲競選搭檔。

數日後五位紐澤西議會的該黨領袖拜會完離去後，布希做出最強烈的聲明，約定可能參選，他告訴記者，「我對進軍白宮這個任務逐漸升溫。我正在認眞考慮競選總統。」

布希這些深思熟慮的正字標記是會期中他要守信留在德州，除了參加幾場諸如在華府的全國州長會議之外。「故做羞怯狀有個好處，是你可以從中使自己倖免於已發表過的抨擊，所要責難的是一些在嚴格抽絲剝繭下的新發現，」德州大學政治學教授布魯斯．布恰南（Bruce Buchanan）說。「它也突顯一個事實，就是當你是個可以讓人們謙恭求你競選的人物時，它突顯出你是個人們希望得到的吸引人的商品。」

沒有離開家鄉，布希已經有方法地組織了一個令人印象深刻的全國顧問網、收集有錢捐款人的獻金、招待來自各大州的代表團，他們全都敦請他競選二〇〇〇年的總統大選。

在某些方面這是前俄亥俄州長威廉．麥肯雷（William Mckinley）在一百多年前成功入主白宮的那個「前廊」策略的日後版本。代替前廊，布希使用德州州長官邸的後院做爲和學者與傳教者、州議員與美國衆議員、工業領袖、政策專家、外國領袖、即將構成其競選團隊的草根人士會談時的背景。

其實這些要讓布希參加總統大選的「草根」運動的種子主要是由州長政治策略與

組織的總策劃卡爾．羅夫（Karl Rove）稍早撤下的，他常被形容爲布希的州長競選陣營中「不可或缺的一個元件」。

羅夫整合這些州外政治人物，蜂擁到奧斯汀來膨脹這個非正式的布希總統競選陣營的經典例子發生於一九九九年二月十八日，當時州長在德州的政治辦公室發佈以下的新聞稿：「盛情難卻下，我們呈上兩則在南卡羅萊納州　與新墨西哥州發出的新聞稿。」兩則都報導了在這兩個州都有爲數衆多的共和黨議員敦請布希出馬競選總統。

被描述成「個別的、自動自發的支持」，這項欲攫獲新墨西哥死忠者的努力，其實據其指揮者表示，是由羅夫從奧斯汀精心策劃的。「我打電話給羅夫說，『如果你們想要做什麼事，打電話給我。隨時效勞，』」老布希政府的前國防部副部長考林．麥克米林（Colin McMillan）說。「我問他想要我做什麼事，羅夫說，『嗯，你不妨考慮做這件事，』」麥某補充說，指的是誘使州議會中四分之三以上的該黨議員掉入陷阱的徵召運動。

一天後布希德州的政治辦公室湧入分別來自麥某與南卡羅來納州的新聞稿。

一週內阿拉巴馬州加入了草根人士的「徵召布希」運動，其中包括司法部長比爾．普萊爾（Bill Pryor）。他說是受到其他州正在做的事感召，而決定「效法」的。

當普萊爾說他不需要來自羅夫的鼓動時，他承認曾與這位政治顧問談論過州長，而且他列舉了促使他「做某件事情」的一封來自布希的「溫厚的信」。

一九九九年一月二十九日這封信部分的內容是：「卡爾告訴了我您對我參選總統的勉勵。若我決定好要尋求更高的公職，我會很感激您的支持。」這位德州州長還補充說他會於春天的時候決定，並要求普萊爾「隨時做好萬全的準備」。

「從升溫到太燙」★★★

在一九九九年三月的一個周日午後，布希連任州長四個月後，也是欲語還羞政治戲碼更長的時期，布希正式公開那個沒有聲張過他的候選並幫助他募款，但也花掉數百萬政治獻金的「總統參選試探委員會」。

這個試探委員會的多文化組合，也反映出州長的「同情的保守主義」，那個他用來尋求擁抱少數族裔和共和黨內其他非向來就有的擁戴者。布希的正如《聖．安東尼奧快遞—新聞》（San Antonio Express-News）專欄作家卡羅思．古拉（Carlos Guerra）所形容的「夢幻團隊」包括有要幫他贏得非裔美籍人士支持的奧克拉荷馬州的美國眾議員瓦特斯（J. C. Watts）；要幫他贏得西裔人心的亨利．波尼拉（Henry

Bonilla）；在一九九八年共和黨慘敗後差點要把狄克・阿昧（Dick Armey）從眾院多數黨黨魁地位拉下來的參議員珍妮佛・黨（Jennifer Dunn）將會是擾亂頭號對手杜爾方向的要角；中西部保守派密西根州長約翰・英格勒（John Engler）可能將負責防守改革黨（Reform Party）人民黨員潔斯・凡杜拉（Jesse Ventura）可能提出的地方上的責難；最後前雷根政府的國務卿舒茲與共和黨全國委員會主席哈雷・巴柏（Haley Barbour）在展現共和黨傳統支持的努力上，將是註定成功的天才。

雖然他說要稍後到夏天才能決定是否競選總統，但州長承認，「我對這個任務已經從升溫到變得太燙。」

布希說他需要更多時間來對爭取總統提名「這個主意感到自在」的說法是另一個拖延戰術。州長的政治策略人員提出了為何他有好長一段時間不能宣布的原因：在投入初選戰場前先藉由向已有心理準備的群眾發表三或四個月時間的罐頭演說，布希將得到積極的擁戴，並可以使得可能的錯誤相形失色。

不過歷經上兩次總統大選的慘敗和一九九八年期中選舉的失利後，共和黨已不敢奢望當個贏家。

第12章 偉大的期待

『我一輩子從未見過像這樣的候選人。好像上帝看輕我們共和黨人，並說，「我眞想詛咒你們以做個改變。』

哈利．丹特

尼克森「南方競選策略」 總策劃

第十二章 偉大的期待

我一輩子從未見過像這樣的候選人。好像上帝看輕我們共和黨人，並說，「我真想詛咒你們以做個改變。」

——哈利・丹特，尼克森「南方競選策略」(Southern strategy)總策劃

無論你從消息靈通人士、活躍人士、募款人那裡得到多少支持，你仍得接受眾口交責。你得從民調中博得支持。那是制度的美好。

——查爾斯・布萊克，資深共和黨策略人員

這塊土地做了這件事。它貌似貧瘠，因為無人知道如何正確的使它發揮功用；然後，一下子，它自己發揮功用了。它從睡夢中醒來並伸了個懶腰，而且它是如此巨大，如此富饒，以致我們突然發現我們是富有的，就只從靜靜坐著中。

——威拉・凱瑟《哦，先鋒！》O Pioneers！

同一張歌單★★★

一九九九年三月宣布「總統選舉試探委員會」成立以來，在收集一長串背書名單的同時，布希窩在德州的奧斯汀，接待一批又一批準支持者、記者和潛在的捐款者。

四月裡，德州州長與紐約市市長魯道夫·朱利安尼（Rudolph Giuliani）在州長官邸談論政策與政治一個多鐘頭，然後出來互相說著客套的場面話，不過他們向新聞界坦承彼此在墮胎權、同性戀權、槍枝管制上看法分歧。

朱利安尼並未幫布希背書總統選舉，但是替他消毒了外界對德州州長外交政策的批評。在他們一起露面前數週，報紙專欄作家和政治觀察家曾批評布希在表達對北大西洋公約組織介入科索沃（Kosovo）一事的看法上，太富試驗性質。

「當雷根當選為美國總統時，問題之一是：他有任何執政經驗嗎？」市長說。「如果你們審視雷根／布希政府執政的那十二年，並與我們今天的外交政策做比較的話，許多美國人會說或許領導能力是你能否處理好外交政策的眞正關鍵。」

曾表示計畫角逐共和黨總統提名的紐約州州長喬治·帕塔基（George Pataki）在各方不看好且有十六名州長甚至一些紐約州的共和黨人士為布希背書後，放棄了參選打算，改口支持布希。

「他用他的『同情的保守主義』信條走出自己的一條路——一位有包容心的共和黨人士，而且在過程中建立了一個有來自西裔族群、婦女、整個德州非裔美國人的壓倒性選票支持他的團體。」

在五月，二百二十二位美國眾議員中也有半數以上公開支持布希的參選，展現出團結一致的默契。德州眾議員亨利．波尼拉（Henry Bonilla）認為此舉對其他潛在共和黨候選人而言，無疑是「在勇氣裡踹了一腳」。「背書是競選中一塊作為基礎的巨大砌磚。」

這些如潮水般澎湃的支持愈來愈引人注目，因為美國眾議員傳統上較支持他們自己的政黨所選出來的總統候選人，但在支持這位德州州長的行動上，他們忽略了亞利桑那州的美國參議員約翰．麥克肯（John McCain）、新罕布夏州的鮑伯．史密斯（Bob Smith）和俄亥俄州的約翰．凱席克（John Kasich）。

一位高階策略人員向布希的反對者解釋：「他們在國會山莊痛苦怕了，而且他們害怕將失去他們的五席多數黨席位。而且他們正在找尋一位救世主。」

「現在進行的是一個前後連貫的訊息——發展過程，」一位參與的共和黨人員說。「你不會看見布希在兩週內談論相同的議題，但我們正在同一張歌單上就定位。」

新罕布夏會期 ★★★

雖然布希陣營與共和黨成員之間史無前例的政策議程對話被所有黨派定位為「私人的」與「非正式的」，但因為它們佔用「布希太多在家的時間」，而招致新聞界、民主黨和德州選民的批評。

五月，在議事會期進入倒數階段且布希的「前廊」策略將要進入尾聲時，州長的反對者增強了他們對這位共和黨總統選舉領先者的攻擊。布希因為把焦點放在他的總統志願上且忽略州長職務而遭受批評。

在《休士頓編年》報導顯示布希一九九九年親自到議會開會的次數大約只是一九九七年的一半後，他的總統大選陣營的顧問們向他提出了他們的關切。

在距離休會只剩短短兩週，而所有他的議會議程仍懸而未決的情形下，布希睽違參院數月後，終於首度現身。「從我上次到大會堂來已經有好一陣子了，」州長承認。「今天我來此的原因是我們就快要休會了，而這是讓我的出席能被感覺到的一個機會。」布希補充說，他突然的造訪與共和黨議員正企圖展現修改，附帶在衆院某項法案上的一個有爭議的學校憑單計畫是同一天，這一切的發生都只是巧合。

五月三十一日陣亡將士紀念日那天，當議員們完成了他們為期一百四十天的雙年議會會期時——一般公認是布希政治生涯中最重要的——他們給了州長他在會期中最大的挫敗：否決允許學生使用由納稅人所納稅款補助的憑單來支付私立學校學費的試驗性計畫，而這是州長在數月前競選連任時的一個主要承諾。

該法案的反對者抱怨，允許父母將孩子轉往宗教學校的規定違反了憲法對公家經費補助宗教機構的禁止。批評者也警告該計畫將會吸收走迫切需要的經費與使最有前途學生免於失學的經費，造成他們的處境比原來更糟。該計畫也對西裔和非裔美籍社群產生不成比例的反效果。

某個曾被布希反對者稱做「殘酷」提案的福利改革法案，也因「更變本加厲」的制裁而告失敗。在布希的計畫下，若福利受惠人拒絕參加規定的工作訓練或課程，則不只受惠人會遭到福利刪減的制裁，受扶養親屬也會遭到此一制裁。他也支持將吸毒定罪中大麻或古柯鹼含量極少的年輕媽媽的幼兒從福利補助名單中刪除。議員改以提供激勵的方式幫助受惠人脫離公家補助，例如訓練、交通服務、戒毒。在會期要結束時，兩黨在眾院終於達成協議，但要制定時，時間已經不夠了。

在議院開議前，布希州長曾要求議員通過一個他在一九九八年連任選舉時承諾選民的二十億地產稅減稅案。在休會前數小時，共和黨領導的參院和民主黨控制的眾院通過了一個幾乎比布希提案少了十億元的折衷案。州長謂之「豐盛」，足夠讓他在總統大選時有誇耀的權利了。

這個議院減稅案的好看外包裝是一個包含給教師一年三千元薪資調漲方案在內的重要教育改革法。爲了提供學校平均每一百元的地價減少六角的賦稅減免，該法案增加了州補助給各學區。不過每個學區實際節省的稅都不同，視學區的地產價值、負債與其他因素而定。根據「議院預算會」的計畫自一九九九年到二〇〇〇年一學年中，約有一百二十個學區不會親身體驗到任何減稅，而這些學區中有些其實正在考慮如何調高它們的課徵分攤率了。

當貧窮學區的低收入德州人可能受益的同時，承租人從較低的學校稅中將得不到任何益處，如同一九九七年地產稅套裝方案的情形。又一次，有錢的德州人將比該州最窮的居民蒙受更大比例地的利益。

據該會的估計，不像稍早兩年的情形，企業這次在此新法下將自地產稅減稅中受惠，在接下來兩年的期間，將爲學校節省下約四分之三的稅款。當一棟價值十萬元房子的所有人在一個學區一年省下六十元的同時，在同一個學區的石化廠或電廠的經營者卻可省下數十萬元。而且一般預料，公寓複合建築的房東和其他住宅型出租地產的所有人在該法制定後的頭兩年可減少一億七千四百萬元的稅，但他們並未被要求將這些省下的錢轉讓一點給承租人。

在會期開始時，布希也要求爲企業與消費者減稅六億。然而議員們通過了一個兩年減少商業與營業稅五億六百萬的法案。該會預估這兩種人在第一年享有平均的利益，但在第二年當商業稅減稅與貸方金額付進來更多時，企業將得到利益中的百分之六十。

爲了消費者，該法案施行一個以回歸學校爲前提的營業稅假期，減少每年價値低於一百元的非運動類服裝、鞋襪的營業稅。在一年一度的營業稅假期中，一個從達拉斯的零售商店採購共計一千元衣服的家庭將省下八十二美元。

財務吃緊的德州石油商人在布希的緊急要求下也得到了減稅。要最先通過第七十六會期的這個法案，授權了一個七個月免付百分之四點六分離稅的減免，給一天生產不超過十五桶的不毛油井和一九九八年年尾每日生產不超過九萬立方呎的小型天然氣井。

布希意識到他西德州的根了，立刻簽了這項立法，卻忽略了一個在該稅賦紓困法案到達州長辦公室前，參院就已先通過並送往衆院的「幫助勞動階層窮人子女支付健保費用的法案」。達拉斯的衆議員戴爾．堤樂瑞（Dale Tillery）告訴記者。「我知道有一大堆沒有保險的孩子，但我不知道有許多貧窮的油商。」

反對者注意到雖然州長與其他議員聲稱這個減稅如同一隻「幫助小人物的手」，但其實這項紓困案中的絕大部分都是去幫助大型石油生產商。他們舉出資料，最大的三十四家油井作業廠商佔該州石油生產商家數不到百分之一，卻控制了合乎這項減免的油井中的百分之二十五。根據其他的估計，傳統的小型石油公司只會省下五千六百元。

投票反對這項減稅法案的衆議員凱文．貝利（Kevin Bailey）向記者投訴布希是以他可能要參加總統選舉爲考量。「州長在試圖贏得共和黨提名時先得滿足黨內一些特定的利害關係人，而石油利益在那群人中非常強烈。」

在即將到來的黨內初選中，對重要的保守派選民特別有利害關係的是布希的墮胎通知法案的過關，該法案規定當未婚、學齡中的女孩子（十八歲以下）尋求墮胎手術時，醫師必須通知其父母。共和黨的極右派保守分子尋求讓這項通知父母的法律通過已經多年了，而且在一九九九年議事會期中，這是爲了「基督教聯盟」的而通過「第一優先」法案。

反對者後來警告這個法案將迫使懷孕少女尋找密醫進行危險的墮胎。此外在其他州，通知父母的法律已成了頭痛問題。在有此類法律的麻薩諸塞州與密西根州，墮胎不但沒有減少，未成年者跨州尋求墮胎的人數反而大量增加。

雖然正在總統大選的跑道上的同時，布希試圖在墮胎的議題上將自己刻劃成中立者，但他對一個婦女的選擇權利的強烈反對和他州長任內的記錄都與他的溫和派形象形成強烈對比。自他一九九四年當選以來，他已在三個議事會期中簽署了十六項反選擇權的規定——比全國任一位州長都要多。

布希「同情的保守主義」的批評者也抱怨這位德州州長在為了紀念一九九八年在德州傑斯珀遭白人種族主義者拖行至死的拜爾德而制定的關於種族仇恨的法案上，沒有扮演一個強而有力的主導角色。這個柯林頓總統在視察德州時曾支持的法案，挑出包括同性戀者在內的幾個特殊群體，提供防止偏見犯罪的保護。據法律專家表示，這個已編入德州教科書的法律太模糊，以致實質上無法強制執行。

這項比較嚴格的仇恨犯罪法在德州衆院通過了，但在參院卻沒有過關。

布希的總統競選策略人員主張如果該法案通過議院的話，他會面對兩難的困境。之前說過反對同性婚姻的州長將會因爲簽署同意該案立法而激怒共和黨在社會議題上的保守派。若他否決該法案，則溫和派會指控他向右派靠攏。

在參院的激辯期間，布希拒絕說他會如何處理這項法案，但維持他之前認爲嚴刑峻法對於任何動機的犯罪都屬正當的看法。「要處罰犯行，」他說。「大部分的犯行都源於仇恨。」在談到科羅拉多州哥倫本（Columbine）高中的掃射事件時，州長補充說，「在那場暴亂中被殺的白人和被殺的黑人之間有何不同？」

很幸運的，布希因爲當共和黨領導的參院成功殺掉這個仇恨犯罪法案的折衷版時，他也能夠小心避開這個議事地雷。

州議會的共和黨議員後來承認當他們廢止一個規定要對槍枝展覽中的買主做強制背景檢查的法規時，他們也保護了州長免於陷入槍枝管制的政治爭議中。之後布希在說他偏愛這樣一個法案時，尤其是證諸於科羅拉多州利多頓（Littleton）校園掃射事件後，但是他稱之爲「聯邦的事務」，引起了槍枝管制反對者的一陣譁然。

當州長簽署了「全國來福槍協會」所支持的對德州城市、郡、地方政府因爲槍枝暴力所浪費的社會成本，控告槍枝彈藥賣主和製造商的權能設限的立法——其辦公室說其是爲了單純減少輕率訴訟案件的做法時，立即引發二〇〇〇年總統大選民主黨對手副總統高爾迎面而來的抨擊。

「在這場總統大選中，有一些人認為在槍枝方面最急迫的事務就是有必要對槍枝製造商擴大保護，」副總統說。「我認為該是為我們的孩子與家人提供新的保護措施的時候了。有些人想要可隱藏式的手槍。但他們掩藏不了他們正在聽命於『全國來福槍協會』的事實。」

整個一九九九年的議事會期中，布希面對了來自仰慕者與責難者的批評——為了把他正在萌芽的總統志願擺在第一，使這個會期的許多工作蒙上陰影，而且常造成議員質問州長——他與該協會彼此的動機。公開稱這個立法團體為「新罕布夏會期」的許多議員說，「他所做的每件事都是為了契合那些可以讓他在全國的大型競選中看起來有面子的事」。達拉斯的衆議員多明尼哥·戈西亞（Domingo Garcia）在一場反對以地產稅刪減來金援比較小型的學校課程的爭辯中說。

來自休士頓和布希大戰的民主黨參議員羅德尼·艾利斯（Rodney Ellis）——在間接上——至少在仇恨犯罪方面，他也說州長「表態地很好」。

德州大學政治學者艾倫·薩克斯（Allan Saxe）說布希在總統大選上的領先者地位確保州長能從他所訴求的議事提案中得到很多方便。「這是預定的，」薩克斯說。「議院將實質上給他走出去成為懷抱總統志願者時所需要的東西。而那就是所發生的這此事。」

布希倒認爲，州長對於美國大衆應怎麼檢視他的議事遺產自有看法。「我是一個設定明確目標的人。我嘗試做一些事，並且做得好，」他說。「我希望人們會說，『這是一個知道如何領導的人，一個能夠藉著與他人合作達成成果的人。』」

但是布希的優先事項是否也是選民的優先事項將由全國選民決定。一旦他離開德州州長官邸前廊的舒適便利，改到白宮去挨轟時，他就會在他做州長時所產生的成績記錄嚐到苦果——無論它將導向哪個地方。

幽靈威脅終於出現★★★

在奧斯汀兼顧總統大選與議事會期兩個任務五個月後，布希終於開始他競選總統企圖裡的另一主軸：眞正的競選活動出現。**（其他共和黨候選人戲稱布希爲「幽靈威脅」，因爲即便他是最後一位，到關鍵的初期幹部會議州和初選州拜會的角逐者，他在民調中還是持續領先他們數個百分點。）**

六月十二日星期六，布希從奧斯汀搭乘命名貼切的七二七包租直昇機「偉大的期待」前往愛荷華，並且搭載了一百名以上的記者——雖然他尚未宣布是爭取共和黨提名的正式候選人。

在前往愛荷華的競選首航之前，募款助理爲布希排訂了兩個活動，一個是在聖路易斯，另一個是在芝加哥。募款者募了一千五百萬元，但布希的新聞幕僚卻生起氣來。

一位布希的高階政治策略人員承認，「我們認爲讓他在前往將分別舉行全國第一場選區幹部會議，以及在明年初總統初選的愛荷華州和新罕布夏州之前，先參加那兩個將新聞界排除在外的肥貓募款會，來展開競選活動。這不是一個好方式。」

「我已準備好，」在令人振奮的電影主題曲和喧天的搖滾樂聲中，布希告訴手持競選標語（「布希二〇〇二」、「愛荷華是布希鄉」）的群衆。「我知道期待眞的很高，從我身上可以看到你們所期待的人、事、物。你們可以期待一個講眞心話的人，一個說老實話的人。你們可以期待一個不會把幹部會議投票視爲理所當然的人，」布希說。「我認爲你們可以期待一個名叫小布希的人贏得提名。」

接著在一場爲共和黨籍美國衆議員吉姆．拿梭（Jim Nussle）辦的募款餐會上，這位德州州長說，「我今天來此是要說——我正在角逐美國總統。不會回頭，而且我打算成爲下一任美國總統。」他稍後說會在秋天做「正式宣布」，但向愛荷華人保證會進行那早已在進行的「我正在競選，而且我競選得很努力。」的承諾。

在另一場演說中，「我以身爲『同情的保守主義者』自豪。我歡迎這個標籤。而且在這個基礎上，我會堅持下去，」布希諄諄強調他的註冊商標主題。「同情是羞於啓口的嗎？慈悲是不好的嗎？本黨應由一個鼓吹鐵石心腸的人領導嗎？我正在競選，因爲我的黨必須用一顆同情心搭配一顆保守的頭腦。」

布希說他的首要目標是要在美國「引領出一個責任感時代」，如同他在德州嘗試做的一樣，以強烈的訊息和設計用來勸說年輕人避免嗑藥、酗酒、未婚懷孕等不受歡迎行爲的「嚴格愛」青少年審判法。

布希也承諾集結「同情的生力軍」——他認爲在協助政府幫助迷失方向的、需要幫助的人方面很重要的社會與宗教機構——並要「除去妨礙它們的規定」。

這位德州州長說他要看到每個美國兒童受教育，並承諾若當選總統，他將在建立教育政策方面提供各州更多的彈性與權限。

布希承認其「同情的保守主義」主題飽受批評，但補充說他「有信心美國人會視同情爲高尚的目標，一個強者公正、弱者受重視的國家的呼聲」。

當布希繼續乘著示好、背書、重要競選獻金的浪濤前進時，他那充滿歌功頌德與人群簇擁的開跑之旅也移師到了新罕布夏。一站又一站——無論是在鎮民會堂式的有大人和小孩的集會上或是在工廠與輪班工人握手——這位首度參選總統的候選人都衍生出了通常出現在初選倒數幾天的一種熱度與媒體的注意力。

雖然這位共和黨領先者並未使充滿天大期待的支持者失望，但他從愛荷華到新罕布夏的四天閃電式競選行程並非毫無瑕疵的表演。在大西洋堤岸邊一場超過三百名支持者出席的集會上發表完他的競選演說後，布希在記者會上被要求概述他對墮胎、賦稅、反歧視行動的看法，並詳述他曾說過的「年少輕狂」時所犯的錯誤。

正在這位候選人的競選中尋找把柄的政敵隨即抨擊他的說辭是「柯林頓式的」避重就輕。

高爾承諾他會使繁榮走「正確的方向——不是藉由讓人民自謀生計、或希望得到些許同情，而是給予人民成功的技能與知識」——相對於沒有布希的口號那麼模糊。雖然從未指名道姓，但副總統重複批評那些保護槍枝製造商、危害環境、在今天這個「複雜」又「瞬息萬變」世界裡沒有外交政策經驗的人。

在「民主黨領袖會」上面對中間派人士所做的演講中，柯林頓用男孩般的嘻笑先聲明他即將要說的話不是十分「總統的」，然後他嘲諷布希的競選口號。「這個『同情的保守主義』很響亮，我認眞地苦苦思索，想要弄懂它的含義，」他說。「我能找出的最接近意思是『我喜歡你——我眞的。而且我要有耐心的容忍權利法案。我想要把槍展的漏洞彌補起來。而且我想不要花掉盈餘——你知道的，爲了下一代要省一省社會保險和醫療險。我想提高基本工資。我想做這些事，但我就是不能。而且我覺得很恐怖。』」台下觀衆痛快地笑了。

布希離開愛荷華後一天，柯林頓總統手下的前白宮幕長里恩．派訥特（Leon Panetta）出現在《佛克斯周日新聞》（Fox News Sunday），他預測這位共和黨領先者將會選得很辛苦。「瞧，這位州長是個合適的人，他從事過公職。他在當德州州長時做得相當好。但沒人知道他在全國型議題上的定位在哪，」派訥特說，他的結論是布希在與同黨挑戰者競爭的活動中將「踩到許多地雷」。

但在布希完成了驚人的總統大選募款記錄——很快募集到和他成績最接近的共和黨對手的十倍之後，這種情節只會發生在有任何一位共和黨敵手還屹立不搖的情況下。

跟著錢走 ★★★

當布希於六月的最後一個禮拜掃進全國首府時，共和黨的當權派現實地崇拜不已。在國會山莊與阿諛諂媚的共和黨參議員和衆議員的一場私人聚會上，他信心滿滿地告訴他們，「我期待與你們共事。」之後，他向媒體預測，「我相信我將在此與他們爲一個更美好的明天共同努力，我知道我有段很長的路要走。但我對我在這棟樓房裡得到的支持感到高興。表達我謝意的最佳方法就是看進他們每個人的雙眸裡，然後說『非常感謝您』。」

當天晚上他與三十六位共和黨參議員、一百位衆議員與二千位捐款人共聚一堂，其中多位是「希望和白宮黏緊關係的說客」，每人付了一千元來吃熱狗、漢堡、巧克力核果餅，並聽布希在二十六面美國國旗的背景下發表他千篇一律的競選演說。「美國有線電視新聞網」稱之爲「可能是在首都所見過最大的一場爲總統候選人辦的募款會」。

在出席者中，有半數的人至少已捐獻了一千元給其陣營。在稍早的訪問中，這位候選人提議去除這一千元的上限——一項於一九七四年水門醜聞案發生後實施的聯邦政府的上限規定——一個引起競選財務改革倡議者批評的建議。雖然他未說限制應調高到哪裡，但他抱怨一次要懇求一千元的獻金很困難。

布希正以空前快速的速度募款，造成他的共和黨挑戰者氣喘吁吁，因為正如一位布希的募款人所言。「我們正從空氣中吸取氧氣」。

根據選舉策略人員表示，六月三十日這個候選人申報下一個財務報告的截止日很重要，因為到時候哪一位有希望的候選人募得了最多的錢就「看起來像贏家」，因此會比較容易吸引更多的競選獻金。

在布希於美國人口最多的加州進行的三天之旅中，實際的見面與歡迎競選活動雖然有限，卻備受矚目且塞進許多少數族裔孩童。他參觀學校、與學童玩球，一幅幅布希與黑人和西班牙孩子的照片在全國的報紙上出現，包括一張刊在紐約時報頭版的照片。

但布希加州之旅的主要原因是為了要花許多時間與多金的共和黨人士在一起，並且募四百萬元到他已經很壯盛的競選金庫。在這趟環州的三天巴士之旅中的第二天，德州州長藉由募款在一九九九年上半年已募得驚人的三千七百萬，寫下總統選舉募款新紀錄的消息被媒體宣布出來。這項金額已經超過整個初選中任何一位候選人所募到的金額還要更多。

「這股給予布希的金錢支持太不可置信了，」回應政治中心（the Center for Responsive Politics）的賴利．馬金森（Larry Makinson）說，該中心是個追蹤政治中金錢來源流向的無黨派團體。「它眞的顯示出荷包的力量。這些募款人已在任何人投票前決定好下一位獲提名者是誰了。這些數字的眞相對其他共和黨候選人而言必定是殘酷的。」

布希高超的募款本領已實質上使其對手與其政治資源共用的共和黨獻金來源枯竭，迫使他們裁減選務工作人員並縮小他們的預算，以期能夠在選戰中存活。在對手對此事的回應中，州長飽受直接抨擊。

「這筆來自說客與特殊利益人士的募款數目引起民衆對州長在華府做出改革能力的懷疑，」史提夫．佛柏仕（Steve Forbes）的競選幹事比爾．戴爾．寇爾（Bill Dal Col）表示。佛柏仕於一九九六年在一場自己出資的競選中花了三千七百萬並競選總統。戴爾．寇爾呼籲布希將所有他獲得的來自特殊利益者的獻金還回去，並說：「他已出賣他的靈魂給華府的說客了。」

布希募款機背後的眞正勢力是一個名叫「拓荒者」的十萬元募款者名流團體。因爲聯邦法律限制個人獻金不得超出一千元，因此每位「拓荒者」成員藉由向一百個人募款來籌得每人十萬元的入會擔保。該組織的募款是使布希在一九九九年上半年募得三千七百萬的主要來源。

這位德州州長不是用到此類募款組織的第一人。在他之前其父「團隊100」的會員就每人募十萬，但小布希比之前任一位總統候選人更有效利用此類組織。

超黨派「德州人來審判」這個政治花費監督團體的董事克雷格．麥當諾（Craig McDonald）認爲，「拓荒者」這個超級捐獻人組織對後水門競選財務改革的規定採取「規避精神」，並指控「拓荒者」成員使用別人的金錢來購買對布希的政治影響力。

「一般美國人無法爲一場政治選舉募到十萬元，」麥當諾在寫給布希的信上說，並要求他公布這些募款者的姓名及各自募得的金額。「布希『拓荒者』已由媒體公布的有限名單中，大多是全國有力的企業名人和遊說精銳人士。其中很多都在聯邦政府的政策上極有利害關係。」

麥某還說「拓荒者」的募款受競選陣營的追蹤，「他們知道他們是誰，那創造了一個成爲該陣營債權人的一個捐款人階層。它已經規避了規定你只能捐一千元的法律」。

「共同目標」華盛頓修會的米若迪斯．麥克吉（Meredith McGehee）同意，並說許多華府說客急於爲布希「綁樁」，如此一來若他當選了，他們就可爲特殊利益客戶請求回饋。

雖然布希公開形容對他募款成功的責難是「酸葡萄心理」，但其競選幕僚——對說他們的候選人正規避聯邦財務法規的指控小心翼翼——說他會尊重麥某的要求並公布之前保密的大額捐款人名單。

公布的一百一十五位爲布希總統大選至少已募了一千三百七十萬的關係良好的人士包括五十七名德州人。「拓荒者」中有數位曾是老布希的支持者，並在一九八八年身爲「團隊100」成員時就從捐獻人那裡募得十萬或更多。很多其他人士是於一九九八年幫助傑布選上州長的開發人和律師。這份名單也包括許多這位德州州長曾任命到州政府重要職位的「拓荒者」成員，以及其他曾幫布希成爲一位多金政治人物的人。

十萬元「拓荒者」成員的名單包括：「德州公共事業」主席俄爾·奈（Erle Nye）與「安倫公司」（Enron Corp）執行長肯訥斯·雷（Kenneth Lay），他曾於一九九九年議會表決一項電力工業管制解除法案的同時，爲布希募款，後來州長簽署了那份法案；他「德州遊騎兵」棒球隊的合夥人——羅斯堤·羅仕（Rusty Rose）、羅藍·貝特斯（Roland Betts）、比爾·德·威特（Bill De Witt）、莫瑟·雷諾仕（Mercer

Reynolds）：奧斯汀的廣播經理史帝文·希克斯（Steven Hicks），他是一九九八年以二億五千萬買下「遊騎兵」以致於爲布希創造了一千五百萬財富的湯姆·希克斯的兄弟。

也在「拓荒者」這份名單上曝光且經布希任命到該州各委員會的人有：吉姆·法藍西斯（Jim Francis），布希長期友人暨支持者，他出掌「公共安全委員會」這個監督「公共安全部」與「德州遊騎兵」的法律強制實施單位（法蘭西斯也是「拓荒者」計畫的聯絡人）；「德州交通委員會」主席大衛·雷尼（David Laney）；「德州公園與野生動物會」主席李·貝斯（Lee Bass）；四名「德州大學組織」（University of Texas System）董事——石油公司經理東尼·山雀仕（Tony Sanchez）、顧問工程公司經理羅爾·羅末洛（Raul Romero）、退休銀行家大柏·雷特（Dub Riter）、前德州眾議員湯姆·羅夫勒（Tom Loeffler）（**是一名華盛頓説客，其客户包括經營低輻射廢棄物傾倒場並尋求在德州經營類似單位的猶他州「環境照護」公司**）。

「拓荒者」計畫的主管法藍西斯於名單公布後向新聞界誇稱有多達三百多名的布希支持者正向十萬元目標挺進。若他們成功，他説，將會爲這位總統候選人再增加三千萬。

成功尋求這份一百一十五人名單公布的麥當諾指責這份名單不完整。「布希沒有完全公開。有三百多名爲這場競選綁獻金樁的『拓荒者』成員。大衆有權知道這些高效吸金者是誰、他們實際拉到多少錢。」

布希陣營拒絕公布更多宣誓成爲「拓荒者」成員但尚未眞正募到十萬元的「權力經紀人」名單。

布希的「拓荒者」成員中有兩位曾在過去爲了他們從老布希政府收到的招待遭到批評。在一九九二年的擴大調查報導中，《共同目標雜誌》（Common Cause Magazine）舉郝沃德．利奇（Howard Leach）（**一位多金的加州農業投資人暨布希總統『團隊100』獻金者**）之事爲例。當年他要求總統改變內政部在乾旱春季期間不從聯邦政府補助的「中央谷計畫區」（Central Valley Project）中釋水的方案。十天後布希總統公然從這個大規模的水壩與水庫計畫區中釋出三兆二百六十億加侖的低價聯邦政府水源援助該地的加州農民。其他從布希這項緊急撥水行動中受益的是郝沃德．馬格勒斯（Howard Marguleas）與柏斯威爾（J. G. Boswell）。這兩名農產商是利奇二位名列「中央谷計畫區」前幾大水用戶朋友，也是布希多金的「團隊100」捐款人中的成員。

類似地，《共同目標》也報導了「美國汽車天窗公司」（American Sunroof

Corporation）總裁亨利．普雷雀特（Heinz Prechter）獲得利益之事。他過去幾年是「團隊100」和「拓荒者」的成員。身爲總統的「出口會」（**一個在貿易事務上向白宮做建議的準官方小組**）主席，普某幫忙說服布希允許他和二十名其他高階美國經理陪總統於一九九二年一月出訪日本。在這個亞洲國家，普某打敗其他日本公司，搶到爲本田美國製汽車供應汽車天窗的合約。在三週的行程中，普某整整開了六萬元支票的捐款給共和黨。

不只各公共利益團體追究布希大筆的競選經費，尤其質疑他的募集方式，他們在布希於一九九九年七月中旬說出他將放棄公家資金，以便不受總統大選期間獻金影響力的花費限制約束的話後，更加關切。

「在看過這數目，三千萬現金在手邊後，我已決定在這場競選中不接受聯邦的分配款。」布希告訴新聞界，並說他想要在他的總統大選中盡量多享受策略的彈性空間。

水門醜聞後，藉由於一九七四年通過「聯邦競選法案」的修正案，國會試圖消除來自於政治競賽大錢的影響力，並將重點導回選民身上。爲了避免總統大選成爲無限制的金錢武器競賽，該法限制了獻金的數目大小，並爲總統競選提供公家資金補助。

按照慣例，候選人接受來自聯邦財庫的這筆和他們自己募得款項的一個百分比「搭配」的資金。然後他們同意遵守州對州的花費上限。

布希的決定——但是按照他在總統選舉前六個月募得的三千七百萬來看並不意外——代表他將拱手推讓一千六百五十萬元納稅人資助的競選基金，不過這也使他免於受制於一名候選人可以在初選選季中花多少錢的規定。

在使自己規避花費限制上，學歷史的布希清楚地從上屆選舉富豪佛柏斯拒絕「分配款」一事上學到許多。一九九六年初選期間，佛某撒下大筆金錢在愛荷華與新罕布夏電視廣告上，但打擊到共和黨領先者竇爾，因為竇爾接受「分配款」，並同意限制他從私人捐款者那裡能募多少錢的花費規定，以致不能以同樣方式回應。

竇爾保住了提名，但在共和黨大會前已脫節了數月。到那時柯林頓總統在連任訴求上已拔得頭籌了。

一九九九年佛某正準備再次競選總統並躲避聯邦配款與相關花費限制。「在初選中與可以開支票的某人競爭，我對一九九六年發生的事小心防範，而且我不會讓它發生到我身上。」布希告訴媒體。

「若你已得到它了，就花掉它，」奎爾在「全國廣播公司」的「今天」節目上說。「布希正在做的事是試圖光憑錢就贏得選戰。他眞的很相信金錢贏得選舉的那一派陳腐策略。」

雖然奎爾的陣營當時正虧損，但他可不是二〇〇〇年總統大選的第一位死傷者。在布希宣布他正在拒絕聯邦配款的那個禮拜，一位共和黨對手轉換政黨，另一位則是完全退出選戰。

新罕布夏參議員羅柏・史密斯（Robert Smith）這位在自己家鄉的州甚至也遠遠落後布希的保守派煽動分子在參院宣布因爲理念不同而退出共和黨，並改變黨籍爲無黨派。

「這個政黨的精英們認爲選一個在他們名字旁有個『R』字的人要比主義重要，」史密斯當晚在上「賴利・金現場」節目時說。「我根據原則來到這個黨，也根據原則離開這個黨」這位參議員在「今天」節目上譴責這位共和黨領導人物：「很多人想領導我們的黨——尤其是候選人布希——不會在議題上採取堅定立場的。」

「衆院預算委員會」主席約翰・凱瑟曲（John Kasich）是另一位爭取共和黨提名的挑戰者，在全國民調中顯示所獲支持寥少之又少，且爲募款成效不彰所苦，他隔天退出了選戰。這位九屆的俄亥俄州國會議員也宣布他不打算連任衆院席位。

在與布希一同露面的記者會上凱某正式退選並爲共和黨的提名作業替德州州長背書。

在這位國會議員的看法中，布希的「同情的保守派」主題和他自己的所要傳達的訊息最是接近。凱某這位寫了一本關於全國一些志工事蹟的作者說「社群領袖，而非政府計畫」是解決社會問題的關鍵。兩人都說宗教慈善團體與院所應扮演更大的角色。

在二〇〇〇年總統大選期間，「共同目標」做出了一個預言，對於「募款——和潛在的貪污——將會失去控制」，做出嚴厲的反應。「我們距離選舉還有一年半的時間，而我們已經知道兩位總統可能人選將會是：布希與高爾。對初選和給選民一個選擇來講都太超過了，」「共同目標」華盛頓修會的麥克吉批評。

「我已領悟到若你競選失敗生活並不會結束，」布希告訴在緬因州肯納邦克港他家族的海邊避暑住宅草坪上的一百五十位記者。這位候選人在總統選戰期間來此稍作休息以慶祝其父七十五歲生日。「我曾看到一個眞正的好人勝選，我曾看到一個眞正的好人名落第二，但他從未失去他的遠見和價值觀。」

轉過臉看看正笑得燦爛的前總統，布希繼續說明——相當沒有說服力——勝選不

代表一切：「我將全力以赴。我將眞心地說話。我會談一個有希望的明天。我不會污名化我的對手。我會試著如國內許多人期待的將高尚帶進這個政治過程，而且我們只思考所發生的事情。」

結語 知名品牌

有些人天生就被造就來揮動令旗。

——「教義清水復興」(Creedence Clearwater Revival)「幸運之子」(Fortunate Son)《譯者按：上述樂團六〇年代反戰歌曲》

挾著民調的大幅領先和銀行裡堆積如山的錢，布希在全國的共和黨戰場上拔得頭籌，而且怎麼算，他都是二〇〇〇年共和黨提名作業上的最愛。甚至在所有的預賽中，他都打敗假想的民主黨提名人高爾。

「高度期望是令人討厭的，」前副總統奎爾的白宮幕僚長《每週標準》(Weekly Standard) 比爾．柯斯多 (Bill Kirstol) 說。「人們只要回想喬治．榮尼 (George Romney) 六八年的競選就可知道。那是段本來一馬當先者腳步踉蹌的經歷，再也沒有消息。」

榮尼這個歷史上的一小點，於一九六六年連任密西根州州長大勝，並立刻成爲一九六八年共和黨總統提名作業的最愛。然而當他不智地說自己曾在一趟越南的旅程期間被「洗腦過」，他的競選便瓦解了，而且沒有通過新罕布夏州的第一次初選。

在一九七二年的下一屆總統大選中，另一位有希望入主白宮的一九六八年副總統提名人民主黨參議員愛德蒙・馬斯基（Edmund Muskie）。看起來也是在類似的政黨領導者優勢狀態。稍早很多民主黨人士於一九七二年為提名而替他背書，與共和黨實質上被神聖化的布希成為二〇〇〇年共和黨提名人的方式很雷同，是在全國大會召開前一年多。在初選前，馬斯基在民調中不只領先其他共和黨競爭者，也以高出五個百分點打敗尼克森總統。當媒體報導馬某在被一家新罕布夏報社攻擊後崩潰痛哭（**他一直堅稱雪片弄溼了他的臉頰**）後，他的競選一夜之間現實地結束了。最弱的候選人喬治・莫高文（George McGovern）贏得提名並在大選中被尼克森擊敗。過程中，民主黨人留下一個令人難以磨滅的一九九〇年代的左派形象。

榮尼、馬斯基和一九八〇年代的愛德華・甘迺迪都是在初選和總統提名會議前的一年多看似篤定的贏家。但終究他們必須在其他州競選、在政治議題上採取堅定立場、細數對手的罪名、避開障眼物、向選民證明肚裡有競選總統必備的熱情。選舉證明出來的結果對他們的陣營而言是悲慘的。

在布希參選背後的那股不斷增加的能量將他推到其父曾辦公過的橢圓形辦公室。

因此他從未像榮尼、馬斯基和甘迺迪的總統志願一樣有過不體面的挫敗。布希的政治顧問與策略人員列舉了六個爲什麼他們認爲他們的候選人將成功終結民主黨八年執政的原因：

一、知名品牌。他的品牌名稱是共和黨政治中排名第二好的。在共和黨忠貞者中的眼中只有雷根比小布希的雙親——前總統布希和其妻芭芭拉更受景仰。「若他的名稱是史密斯州長的話，他可能不會這麼受歡迎，」德州大學政治學者布恰南說。「這其中有許多成因是姓氏認同。」此外許多美國人現在承認他們後悔於一九九二年投票給柯林頓而非當時的總統布希。一份一九九九年五月「佛克斯新聞-觀點動態民調」(Fox News-Opinion Dynamics Poll) 顯示布希州長在一個理論上的捉對撕殺中以百分之五十六比三十四打敗柯林頓。第二次的布希總統任期給選民一個爲他們方法上的錯誤尋求懺悔的機會。

二、兩黨關係。布希談到改革華盛頓的政治文化，而且全體國民急於結束政府的停工和黨派的吵嘴。「毫無疑問，他是我曾共事過最好的一位州長。」前德州副州長布拉克在一九九八年爲共和黨布希的連任背書時說。雖然德州的民主黨人士比他將在衆院面對的那些人保守，但布希可以華盛頓局外人的身分理直氣壯要求提供一個剛到任的開始。

三、柯林頓／高爾疲乏症。儘管有名列前矛的太平時代經濟景況、上漲的股價、二十五年來最低的犯罪數字，但選民已對路文斯基、募款爭議、白水案、檔案事件、旅行室事件和一堆其他與柯林頓／高爾任內有關的醜聞生厭。他們已準備好要將這些流氓丟出白宮。

四、個性。布希反射出其父的人望，從一般像柯林頓的人那裡吸收長處，以雷根的斜嘴齜齒笑容微笑著。像一九九六年共和黨副總統候選人傑克・坎普（Jack Kemp），布希跨黨派的魅力對婦女、非裔美國人、西裔和其他民主黨基礎群眾而言甚具吸引力，從州長連任選舉的得票數可見一斑，更重要的是總統選舉的偏愛度民調。

五、「同情的保守主義者」。換言之，布希說他不是通常讓人和共和黨聯想在一塊兒的陳腐右翼極端分子。混合了財政與社會保守主義的他偶爾被形容是雷根式的，但在社會與政府幫助較不幸的人的角色上比較「共產主義」。他寧可談有限政府、包容、和新繁榮，也不願談墮胎、族裔配額、或移民。就像柯林頓在提出新的政府計畫時經常像個溫和派共和黨人一樣侃侃而談，布希經常聽起來像個新民主黨人，甚至當在德州從右翼角度治理時也一樣。「你現在所看到的，頭一遭，是一個由戰術組成而非意識型態組成的初選競選，」曾於一九九六年選舉中爲保守派總統候選人布恰南工作的共和黨顧問傑．謝佛林（Jay Severin）說。「他眨眼對保守派選民說，『信任我。你知道我眞的是你們之中的一個，但若我那麼說，我會損害我自己，以致無法贏得大選。』」

六、共和黨事在必成。「有一個非常非常想贏的強烈渴望，」亞特蘭大共和黨顧問威特．艾爾仕（Whit Ayres）說。「我們已厭倦敗選！」在二次總統大選敗選與一九九八年悲慘的期中國會選舉後，共和黨候選人於二〇〇〇年唯一的試金石是勝選的能力和募集可觀競選獻金的能力，這兩樣布希都已十分有說服力地證明了他有能力辦到。

有些諷刺的是，共和黨發現在民主黨執政八年後，自己正轉向一個名叫布希的人來索回總統職位。畢竟，老布希是在共和黨已經使得每四年贏得一次總統職位幾乎成爲一個定律的時候將白宮失手送給柯林頓的。

然而私底下布希州長曾告訴助理與政略人員說他的競選不會是其父的一個回歸，而且他將不會讓自己身邊環繞著來自布希白宮的前顧問。「我對選輸我老爸選舉的人沒興趣，」布希說。「這將是我的選舉，不是我老爸的。」

而這是喬治・W・布希天大的自相矛盾。這是一個要是不曾是喬治・赫伯特・沃克・布希之子的話現在也不會是美國總統的人。儘管這些年試圖要走出其父嚇人的庇蔭，但他的人生已經是一個因爲他們的關係而形成的一個接一個的幸運：長春藤名校的接受與畢業；越南兵役的躲過；他西德州失敗石油公司的得救（**這最後使他在棒球隊被賣掉時轉變成數百萬富翁**）；德州州長選舉與接著的連任選舉。這個模式主要是因爲其父這位前共和黨主席與多金共和黨人士的關係，在刷新總統競選募款記錄時仍持續屹立不搖。

當然最佳的投資策略是有個有錢、有影響力的老爸。布希似乎清楚這點，而且偶爾承認他是「一個受保佑的人」，但他看來並不十分了解要是換一個不同的姓氏，他可能就只是另一個在石油業失敗，然後現在是個在墨西哥灣營運一條捕蝦船的德州人。

「我是個生在二壘但得靠自己進到三壘的人，」這位幸運之子在他總統選戰的第一個夏季時對新聞界人士自稱。然而隔天披露的一項民調顯示布希在全國型的總統大選問卷中進展得這麼好，主要因爲受訪者誤以爲其父又再一次參選總統。

試圖保留面子下，布希滿不在乎這項混淆。「在政治上，一個容易回想起來的名字是件非常非常重要的事物。」

後記

信任但要證實。

——隆納德・雷根

布希是第五憲法修正案的古柯鹼上癮者。

——理察・高文，《華盛頓郵報》

一九九九年八月四日參院參數黨領袖湯姆・達斯丘（Tom Daschle）公開指責媒體在過去使用古柯鹼的謠言方面給予布希「免費的一程」，並說期待任何一位總統候選人回答判定他或她是否在道德上適合在美國經由選舉出任最高公職是一個「合法問題」。

爲回應達斯丘參議員的挑戰，《紐約每日新聞》當天稍後詢問布希與其他十一位他的政敵是否曾用過古柯鹼。他們全部——除了這位拒絕回答這個問題的總統競選領先者外——都否認曾嘗試過這個非法毒品。當《美聯社》詢問同一組候選人毒品的一般使用時，八位說沒有，兩位承認試過大麻。再一次，布希拒絕回答這個問題，並在關於他以前的嗑藥傳聞上藉由逃避式地答稱：「我過去曾經犯過錯，但我已經從我的錯誤中學到了教訓」，將此類謠傳污名化爲「荒謬、唐突的」、但絕不將它們標示爲錯誤來回應媒體的日漸抓狂。

其他希望當選的總統候選人要求布希結束他的模糊，並坦白針對一個「所有候選人」都應回答的簡單問題「說實話」。兩黨其他的政治對手力陳這位德州州長之前曾說過只要是出於他自己的選擇，在透露私事細節上沒有異議的話。當柯林頓總統的婚外情於一九九八年成為新聞頭條時，布希宣布——不是應被媒體要求的——他一直對他結縭二十多年的妻子蘿拉很忠實。他也一再複誦他在四十歲飲酒節制前「年少輕狂」人生階段中飲酒過量的故事。不像飲酒和外遇，使用古柯鹼是違法的，而布希惱火地拒絕說他是否曾嘗試使用這種毒品，並在每一場競選活動露面時都說他不要參與這種「人身毀滅的政治權術」。

「我們應該要能夠毫不遲疑地說，『不，我們不曾違反美國的藥物法』，以及『不，我們不曾用過古柯鹼』，」布希共和黨總統角逐之一前雷根政府白宮助手蓋瑞·鮑爾（Gary Bauer）說。

就連早期布希的支持者暨「共和黨州長協會」主席奧克拉荷馬州州長法藍克·凱丁（Frank Keating）也跟在華盛頓的記者們說明布希應該「說明關於私人品行的議題。在現今世界裡，每個服公職的人都應回答被公認是有罪的行為方面的問題」。

剛拿到八月十四日愛荷華共和黨假投票第一名，這位德州州長被迫在《達拉斯早報》山姆．艾多西（Sam Attlesey）詢問是否當上總統後會堅持要讓他任命的官員回答，包含在標準的聯邦調查局背景查核表裡的毒品使用問題時，修改了他老套的說詞。（做為總統，布希負責提名「最高法院」的候選人、其他聯邦法官、內閣首長、駐外使節、聯邦檢察官。按規定全都要為了聯邦調查局背景查核之一的國家安全決策而「完整且眞實地」回答問卷上關於毒品非法使用問題。）

預先得知在毒品問題上會有新問題走向發難後，布希與競選財務主席唐．伊凡斯（Don Evens）、財務處長傑克．奧立佛（Jack Oliver）、媒體顧問馬克．莫奇南（Mark McKinnon）、策略主管羅夫、溝通總監胡施開會研商。

「想像若我們不回答這個問題，我們的對手可能會做的宣傳是，」一位布希競選顧問說。「做為總統，當非法使用毒品問題問到了白宮員工時——一個是問他自己，一個是問其他所有人，布希將保持雙重標準。」

布希陣營核心人員同意這位一馬當先的總統候選人應向《達拉斯早報》確認他自己將會符合所有標準，一個「但願能終結古柯鹼使用傳聞」的回應。

「據我了解，目前表格上問這樣的問題，『您於最近七年內使用過毒品嗎？』而我會樂意回答那個問題，而且答案是『沒有』，」布希在他召開的一場介紹新上任州教育行政長官的記者會上說。

然而德州州長又再次拒絕細說他是否曾使用古柯鹼，並憤怒指稱他的政敵在散布非法毒品使用的不實謠言。「我知道它們正被埋設，」布希明顯憤怒地說，「它們是荒謬、可笑的，而且美國人民對於這種技倆感到厭惡。」稍早，他曾責備記者又提出毒品議題。「有某人散布一個謠言，造成你去回答一個問題，那就是美國政治的遊戲，而我拒絕玩它，」他說。「那是一場遊戲，而你就正好掉入那個陷阱。」

在隔天另一場於維吉尼亞州羅諾克（Roanoke）的媒體活動上，布希決定再將界標推移，自動說出其父於一九八九年就職的時候，他可以連從那時生效的十五年背景查核都通過了，將他不吸毒的幾年一路推回到一九七四年二十八歲身爲哈佛研究生的時候。

但在「國家廣播公司」的大衛．布魯（David Bloom）說目前白宮受任命者被規定列出從年滿十八歲後任何毒品使用情形時，這位總統候選人突然劃清界線，並定義出一個追訴時效只有過去二十五年的規定。

「我認爲當試圖挖人背景的時刻來到時，在地上插根棒子般的立竿見影之效，我說夠了就是夠了才是重要的，」布希說，回到他之前堅決反對「垃圾嘴政治（trash-mouth politics）」並拒絕討論他過去種種細節的立場。若選民不喜歡那個答案，他宣布，「他們可以把票投給別人。我已告訴美國人民，我已經告訴他們我的全部了。」

那天稍後，布希繼續他的阻礙策略，說只有父母有權過問他們子女在酒精與毒品上的鋌而走險。「我認爲一個嬰兒潮時代出生的父母應該說，『我已從我可以和不可以犯的錯誤中學到教訓，而我想和你們分享一些智慧，那是：不要使用毒品。不要酗酒。』那就是所謂的領導能力。」當參觀一所提供戒毒服務給吸毒者的俄亥俄州收容所時，這位總統選舉的領先者告訴記者。

「布希實質上已承認了某件事。但他拒絕說那是什麼事，因此產生了一個政治上的自我矛盾，」《今日美國》的編輯寫。「若他犯的錯是不重要的瑣事，爲何要隱藏它？選民已經表現出幾乎不會因爲候選人年輕時吸毒而懲罰他們，至少大麻的情形是這樣。而且若這是實情，那些選民爲何該被否認這些眞相？」

「他已經指出了各種區分，就是不願給一個讓這些質疑永遠平息的答案，」在華府的美國天主教大學政治學者馬克．羅賽爾（Mark Rozell）說。「這是一種逐個的、希望會自動離開的方法。但探究的行列要直到他做出唯有他才能使這件事落幕之事：

說出所發生的事的眞相時，才會離開。」

布希在毒品使用問題上，突然的改變方向只是提高了他個人的神秘感，並招致媒體更深入的明查暗訪。八月二十五日，線上雜誌《會客室》報導了「重回六〇年代末期與七〇年代早期」的傳言，布希「被一名德州法官命令履行社區服務，以做爲刪除他非法毒品使用記錄的交換，這項服務是在位於休士頓的『馬丁·路德·金（Martin Luther King, Jr.）社區服務中心』履行的」。

在該中心服務已三十一年的主任美傑琳·「瑪姬」·布希（Madgelean，Madge, Bush，**無親戚關係**）的回應是向五十家以上的新聞組織說她「從不曾聽說他在此機構做社區服務」。然而她倒是的確有說布希身爲州長候選人時，曾公開宣布出自該機構的福利改革計畫。

在《會客室》這篇報導之後，數百名記者試圖證實這個說法，但當沒有什麼事能被證實時，沒多久傳聞就沉寂下來了，而且只有偶爾幾則後續的相關新聞出現在該雜誌或其他任何的媒體。但當《線上新聞》記者琳達·L·斯達（Linda L. Starr）與貝夫·寇訥佛（Bev Conover）（**後來還有MSNBC〔編者按：「微軟」與「全國廣播公司」合組的電視台〕**）質疑爲何這位總統候選人會於一九九五年三月爲了「安全措施」（不過從一九九三年一月起成爲前總統暨德州居民的他父親看起來要危險得多）而換了他的德州駕照號碼，我的記者直覺好奇是否布希可能已讓某樣東西從他的駕駛記錄上刪除，導致一張新照的換發。布希的過去有什麼事情造成他要去清乾淨舊照與號碼嗎？

做爲一名傳記作者，我一直對於布希在一九七二年當了幾個月的「領導才華聯盟專業人團體」貧窮地區青少年輔導員有著縈繞不去的疑惑。這有點像是一片拼圖，你一直試著把它壓回原位，但因爲它是錯誤的一片，所以你知道它永遠不十分適合。當年，二十六歲的布希於週末時的部分時間爲「德州空軍國家防衛隊」開飛機，同時在休士頓大多數的日子喝酒喝得很兇、不斷抽煙、而且根據在七〇年代早期與他一起泡舞會的朋友表示，偶爾會靠大麻和吸古柯鹼而情緒亢奮。

在爲一家由老布希一位長期友人經營的農業公司工作不到一年後，正式的競選簡傳上說布希第一份著稱的全職工作是在抗貧慈善的「領導才華聯盟專業人團體」工作，他父親是該中心的一位「慈善的支持者」和榮譽董事長。幾個月下來，他輔導休士頓貧苦第三區的困頓非裔美籍青少年、和他們打籃球、帶青少年實地探訪監獄。一九七二年年底他離職，然後在就讀哈佛商學研究所前，在和他十五歲的弟弟馬文喝完酒後與其父發生一場單挑的火爆衝突。

雖然我已完成《從石油田到白宮──小布希的崛起之路》並進行付梓這本布希傳記前的校對工作，但一九九九年八月《會客室》關於可能吸毒被補和社區服務說法的報導──和MSNBC與《線上新聞》關於新布希駕照的報導──迫使我重新敘述我對於他在「領導才華聯盟專業人團體」輔導年輕黑人這個短暫時期的關切。這個生活看來只是一場大型舞會的狂飲狂鬧布希，爲何會冷不防回到幾乎「只暫時活著」的生活前，放棄「年少輕狂」的行爲長達數個月呢？

然後我開始自問，「要是《會客室》雜誌關於『不法毒品使用』的看法是對的，但關於布希的社區服務地點是錯的呢？」如果小布希曾於一九七二年被法院命令於「領導才華聯盟專業人團體」擔任全職工作，這將說明爲何他一直拒絕討論一九七四年之前的毒品使用問題。這也可能說明爲何這位日後的總統會在踏入政治生涯後，清除他的舊駕照記錄和號碼並申請換發新照，正如同先由《線上新聞》，後由MSNBC所做的報導一樣。

雖然這本布希傳記已完成且我已開始進行下一本書的訪問，但這些新聞報導極似加進膽量裡的活力。這裡有某樣東西，一個我尚未追蹤下去的線索。我可以感受到它，而且我覺得不得不了解眞相。

只能憑藉著記者直覺的因素來行事，我電告休士頓的「馬丁．路德．金社區中心」，並要求和明顯不熱中與又一個包打聽記者講話的瑪姬．布希講電話。當她接了電話後，就立刻抱怨說已經被五十位以上的記者聯絡並「告訴他們同一件事。在倫敦和紐約的報導　」

「女士，我知道布希州長沒有被法官命令到『馬丁．路德．金社區中心』爲非法毒品使用履行社區服務，」我說，打斷了她看來演練得很好的說詞。

「終於，有人相信我，」她聲音中帶著可以察覺到如釋重負的緩和下來。「那麼如果是這樣，你想和我談些什麼？」

「我已做過功課，知道您也身兼德州州立執行委員會一份子、轄區法官、休士頓海利斯郡民主黨財務主管。」

「你長話短說，或者到此我可以掛上電話了？」布希女士問，並說有「太多人——從剛出生到一百歲大——依賴這間社區中心」，才讓她「坐在電話前面整天聽記者們問一百個問題」。

「是，女士，我了解您已被媒體煩擾了，爲此我眞感到抱歉，」我說，並深深道著歉。「但我只是想知道像您這麼一位倔強的民主黨人士若被問到對的問題，您是否會說實話？」

她停住了。我意識到她的掛慮。「你所謂的『對的問題』是什麼意思？」

至少這會兒她還沒掛我電話，想到她可能已接過的其他記者不屈不撓的無數電話，這還不令人意外。雖然我可以分辨出她畏懼我將要問的問題，但若我要得到眞相就必須往前推進。

「布希州長在除了『馬丁．路德．金中心』以外的休士頓的其他機構或德州其他地方履行法院命令的社區服務嗎？」我尖銳地問。

她再度遲疑，這次較久，似乎在權衡她的回答的後果。

然後她唐突地草草結束，「無可奉告，因爲瑪姬．布希不要和你說話」，又加了一句，「除了他是德州州長外，我不會講有關於喬治的任何事。以上是我所要說關於布希的所有事情。」然後她掛上電話。

比布希女士說的事更重要的是她沒有說的。我從她的聲音裡察覺到有明顯的一絲遺憾，好似她在說，「要是我能告訴你眞相就好了，但我是在走投無路的處境中，因爲有那麼多窮人依靠我和這個機構，而且我不能危害到這個社區中心的生存。」布希女士已擔任該中心的負責人三十一年了，而且一九七二年「領導才華聯盟專業人團體」

也在附近。到今天我仍相信她知道實情，但是因爲她是一位認爲衆人之需勝過少數人之需的善心女士，所以她永遠不會證實布希在這一個地區所履行的社區服務。

爲了確認我對布希社區服務的懷疑，我選了三位曾對本書其他章節極爲幫忙的消息來源者以電話詢問方式追蹤。若我要使他們中任何一位談談州長的年輕時代，一場撲克牌遊戲再適合也不過了。和他們每一位我必須說我有多位正在證實「記錄方面」傳聞的消息來源者，但我願意在本書出版前給我的機密來源者一個在這個可能有損害力的披露上做一個正面詮釋的機會。基本上，我將告訴他們我正握有同花大順，然而其實我正坐在桌前什麼也沒有。

接著我要打的電話是給布希的前耶魯同學，一位於六〇年代末期和七〇年代初期於休士頓和這位日後的德州州長及美國總統泡舞會的家庭友人。幾乎有一年的時間，他在我寫《從石油田到白宮—小布希的崛起之路》時不吝貢獻時間、所知、經驗。認爲一本可靠的傳記應是平衡報導且包含「一個人的榮耀與勾當兩者」的他在不於本書中曝露身分的唯一條件下，提供給我寶貴的資訊。

從未提到《會客室》報導或我與瑪姬．布希對話的事，我問他是否布希曾於一九七二年自願在「領導才華聯盟專業人團體」工作過，或是否他的從事抗貧青少年計畫是被法院命令的。

「當有人正考慮揭發眞相時，我覺得疑惑，」他回答，對我直截了當的態度出乎意料外的冷靜。「顯然你有點像許多其他記者在報上和雜誌上所做的一樣在這本書中搪塞這件事。這不恰當，不是嗎？」

勉強地，我必須承認當我寫那個特別人生時期的時候我有懷疑，但面對一九九九年五月交稿給出版商的最後期限，我只好決定放棄仗著我的直覺追蹤。

「布希於一九七二年因持有古柯鹼被捕，但因爲他父親的關係，整個記錄都由一位他父親幫忙選上的州法官給刪除了，」他說明。「那是在老人家與欠他人情的那位德州好友之間的那些『法官辦公室裡密閉的門後』一類的事情之一。以老布希身爲重要捐款人與名譽董事長的「領導才華聯盟專業人團體」成功完成社區服務的交換下，這名法官刪除了小布希的記錄。」

「你能告訴我更多關於他被捕事件方面的事，或給我警察的名字，或更好的話，給我法官的名字？」我問。

「我已告訴你夠多了，」他回答，聽起來不尋常地掛慮。「知道眞相的只有我們之中的少數幾個人。我甚至不確定他太太知道。」然後他打住話並說，「就挖下去，但要盯住你的肩膀上面。」

布希的這位前耶魯同學暨親近友人不是個容易怕事的人，掛上電話後，我坐在桌前一陣子，試圖領會我們談話中的不祥暗示。整件事太不眞實了，但我禁不住想知道我所發掘的事情的重要性，以及有些人或事可能做到什麼地步來使這個特殊問題消失。但老實說，坐在我的辦公室裡，危險似乎模糊且虛無。我會繼續追蹤到它可能導向的任何地方。

另一可靠來源布希長期友人暨非官方的政治顧問，也承認布希確實曾於一九七二年因持有古柯鹼被捕，而且在他於「領導才華聯盟專業人團體」擔任青少年輔導員數月後由一位休士頓法官刪除其記錄。

「你想喬治會從開他的跑車奔馳市區、幾乎和每個單身女人上床——或和一些已婚的——像沒有明天般地泡舞會中，會去抽出時間，以上全職班的方式，去扮演一個熟知民間疾苦的黑人孩子的良師益友身分嗎?實際點，老兄，我們正在講的是一個來自市民中另一種血統的迎合白人中產階級口味的男孩。」

爲了關於逮捕與布希記錄刪除上的更多細節，提供我消息的人士又擠出了一些東西來，並加以說明。「假設你這學期代數最後的成績拿了個D，且現在你被要求下學期要重修，但你的老師說只要你答應這個暑期讓她一位數學很在行的朋友當你的私人教師，她就會把成績從D改成C。你在暑假便每週花數小時鑽研關於算術運算和人際關係的種種，然後老師發一張新的成績卡，替換掉在校長辦公室已建檔的那一張。現在你便是唯一持有那張有個不及格的D在上面的原始成績卡複本的人了。和那情節的某件事於一九七二年發生在布希身上，」他說，並說布希「做了社區服務，而且那位法官——一位德州仁兄暨喬治政治上有影響力的爹地的朋友，刪除了那份記錄。以前德州常有這種事，而喬治保證不是持有一點古柯鹼被捕，又因家庭關係讓他的記錄受法官特別關照的頭一位富家子。」

雖然他告訴我在布希的辦公室裡沒有人能回答我任何問題，但他說他們的反應會證明是耐人尋味的。

總統陣營發言人史考特·莫克蘭（Scott McClellan）之前在《會客室》問是否布希曾在休士頓「馬丁·路德·金社區中心」履行過社區服務以交換他的「非法藥物使用」記錄後告訴這本線上雜誌，「我們不以回應來尊貴化不實的傳言和嘲諷。」

過去莫某看來總是像個進退得宜的陣營發言人，從不被偶爾刺耳的媒體和它們火力密集的問題攻勢給激怒。但當我問莫某關於布希是否於一九七二年從事「領導才華聯盟專業人團體」的工作做為刪除其記錄的條件時，那個印象粉碎了。有片刻令人震驚的沉默，然後莫某咕噥了幾乎聽不到的，「喔，呸！」然而猶豫了片刻，最後說，「無可奉告」。

莫某唐突中止我們的談話後，我打回去給布希的總統競選試探委員會，當時是一位叫美根・莫倫（Megan Moran）的接聽，並告訴我另兩位布希陣營的發言人胡施和明迪・塔可（Mindy Tucker）都不會回電話給我。他們兩位沒有一位回電話給我。

我有最後一位消息來源者可打電話去。我感到非要與這位有門路、關係和來源來達成或中斷我調查的人談談不可：一位認識布希數年的高層顧問。一九九九年六月他打到我不刊登的電話號碼來，並自稱是「一位想確定我在傳記中寫了一切眞相的州長的親近友人」。雖然我告訴他我已於五月份將本傳記的完稿交給出版商，但他熟悉地主張待編輯完的複本還我時，我仍可做些改變、改正、修改。在商討了兩個多禮拜何時何地見面後，我們終於敲定在優佛拉湖（Lake Eufaula）上，一個位在奧克拉荷馬州優佛拉有六百多哩海岸線的一個大規模的人工湖，從德州線道去只要數小時車程。

老實說，和一個對於我的布希傳記明顯有他自己議程的人相約在一個湖泊中央，我提心吊膽極了（**我懷孕的妻子甚至問我是否應該帶一把槍**）。雖然現在似乎、且已證明是荒唐可笑的，但在【教父第二集】（The Godfather Part II）的最後幾幕之一，其中佛雷多．柯列尼（Fredo Corleone）在塔候湖（Lake Tahoe）被開槍打死的畫面一直在我心中不斷重播。

應其要求，我同意絕不將他姓名或他在布希陣營中的實際職稱向任何人吐露。在優佛拉湖上釣了三天鱸魚的期間，我們的討論只是確認之前已從別處獲得的資訊，並增加一些看法到我之前已交給出版商的原稿內，結果增加了數頁。更重要的是他從不告訴我不正確的任何事，也不試圖膨脹他的了解或炫耀他在布希的顧問群中的重要性。除了有德州州長辦公室和「試探委員會」的門路外，我的消息人士從布希住米德蘭時就認識他。他似乎眞誠地在幫我於布希的生活中「補白」，並在其他記者報導錯誤之處證實眞相。

當我於一九九九年九月打電話給我的「優佛拉關係人士」以確認布希吸毒的傳聞及一九七二年交換他記錄刪除的社區服務時，電話中我這位消息人士的緊張很明顯。

「但願你不會打電話給我。」

「你告訴我說除非有非常重要的事，否則永遠別再和你聯絡，而我想你會同意此事非同小可。」

在一段又長又不安的沉默後，他說，「你不是用該死的無線電話打的吧，不是嗎？」

我向他保證不是。停頓一下，然後——「我三十分鐘後打給你。」在我等他回電時，那延遲——像是一個小時——迫使我決定超時工作。在這段空檔他正和誰說話？他會告訴布希我打電話的用意？或者他永遠不會回我電話，那麼我該怎麼做？

和以往一樣準時，他之後幾乎是三十分鐘一秒不差地打來，並立刻訓我。「在船上你誇口已經完成這書了，」他開始，「但若我想提供漏失的眞相，你可以問我所有問題，而我包辦所有答案。那不正確嗎？」

惟恐我可能是布希或其他陣營幕僚派來，欲誤導目標的人，我決定爲了自己的最大利益著想，只針對我可以向其他消息人士確認的主題詢問他。

我可以看出問題將往何處去，但我必須玩下去，因爲不幸地，他是對的。「那些是我們兩人同意的基本規則。」我說服力不足地說。

「那你究竟怎麼會讓他生命裡的『領導才華聯盟專業人團體』那部分遺漏掉的？若你有你認爲你是的那種好傳記作者一半稱職的話，你應該早已抓到那惡名昭彰的行爲前後矛盾了，並且早已問過我那件事了，在這過程中我也會早在三個月前就證實這個眞相了。」優佛拉關係人說。

「亡羊補牢，爲時不晚。尙無任何人弄懂這件事。」

我的消息靈通人士說布希於一九七二年於休士頓因持有古柯鹼被捕，「一項管制毒品或者隨他們三十年前叫它什麼的東西，」然後老布希與那位共和黨員暨選舉當上的法官友人達成協議，允許布希在「領導才華聯盟專業人團體」履行社區服務來交換關於這個被刪除事件的完整記錄。

我問他那法官是否還活著，或逮捕他的警官是否還在警界。

「我無法而且也不會給你任何新名字，但我可以確認小布希的達拉斯律師留有那份刪掉記錄的證據。從我被告知的內容來看，這位律師是一九九五年建議他弄張新駕照的人。」

「布希不會承認他一九七四年以前曾使用毒品。因爲我們不是在講其他當時嬰兒潮時代出生者淺嚐一罐大麻煙葉的試驗。對大多數的我們而言，毒品使用是年輕時候的迷失，一段被誤導的人生大事，」他繼續，「但小布希在一九七二年因古柯鹼被捕，又因他爹地是石油富商並在海利斯郡政界舉足輕重，所以他以在一所少數族裔青少年中心的社區服務代替在德州監獄農場撿棉花，來幫助其子免於受罰。」

「上個月布希在藥物使用方面為何不守口如瓶，並且拒絕回答所有可能的問題，而不是只建立在一個定於一九七四年的法律追訴時效規定呢？」我問，並引述「熱線」(The Hotline)這份政治新聞摘要日報上面寫的：十二小時之內從零到二十六年。喬治．W．布希的兩段式答覆。

「當他承認他可能連自其父一九八九年就任起生效的十五年聯邦調查局背景查核都已經通過時，喬治和一些其他的高層顧問認為他的回應最後會讓傳言落幕，」優佛拉關係人士承認。「認為美國大眾會對聽說和此事相關事情感到厭煩的我私下建議他不要承認任何事。我說，『喬治，一旦你開始回答，你將永遠無法停止。媒體會藉由要求你只要再多回答一個問題來抨擊你，他們將踢走你。』但他忽略我的建議，現在人人都想知道他為何不說出一九七四年以前的毒品使用情形。」

意識到這可能是我們在本書出版前最後一個談論爭議話題的機會——甚至或許是我們最後的談話——我謝謝他在過去五個月中分享他的資訊、回憶與見解。

「小心而且一路上每走一步都要注意後方，」他警告，幾乎是用耳語在說。「我認為我若不提醒你喬治的老爹曾是中情局局長的話，我會是有過失的。呸，老兄，他們不久前將那棟樓以他的名字命名。此外，小布希就在幾個月前已為他的總統大選幾乎募了驚人的六千萬，而且等你曝光他們這筆投資時，他的企業贊助人與共和黨肥貓便聞風不動還裝死。」

我倒抽一口氣，想起我另一位消息人士叫我要盯住我的肩膀上面。

「你知道是什麼讓我對這件鳥事感到噁心的嗎？」我的消息人士問。「是布希的僞善。古柯鹼使用是非法的，但身爲德州州長的他已經嚴苛化了對犯有販賣或持有不到一公克古柯鹼罪名者的處罰。（之前本是一項罰以緩刑監護的罪）、批准在成人監獄內蓋容納十六歲青少年的舍區、刪除受刑人毒品濫用計畫的經費。德州目前每天花費一百四十五萬元在毒品觸法方面的年輕人。」他憤怒地說。

「我認識喬治多年了，他從不接受把年少輕狂視爲違法行爲的合法藉口——除非事情發生到了他頭上。」

從石油田到白宮-小布希的崛起之路

作　　者　詹姆士．海特菲爾德（James H. Hatfield）
譯　　者　孟昭玫

發 行 人　林敬彬
責任編輯　林嘉君、蔡佳淇
美術編輯　陳文玲
封面設計　陳文玲

出　　版　大都會文化 行政院新聞局北市業字第89號
發　　行　大都會文化事業有限公司
110台北市信義區基隆路一段432號4樓之9
讀者服務專線：（02）27235216
讀者服務傳眞：（02）27235220
電子郵件信箱：metro@ms21.hinet.net
Metropolitan Culture Enterprise Co., Ltd.
4F-9,Double Hero Bldg., 432,Keelung Rd., Sec. 1,
TAIPEI 110, TAIWAN
Tel：+886-2-2723-5216　Fax：+886-2-2723-5220
e-mail：metro@ms21.hinet.net
郵政劃撥　14050529大都會文化事業有限公司
出版日期　2003年8月初版第一刷
定　　價　280 元

I S B N　986-7651-04-9
書　　號　98013

國家圖書館出版品預行編目資料

從石油田到白宮：小布希的崛起之路　/
詹姆士．海特菲爾德（James H. Hatfield）著：孟昭玫譯.
－－初版－－臺北市：大都會文化發行
2003〔民92〕面；公分.譯自：Fortunate Son：George W.
Bush and making of an American president
ISBN：986-7651-04-9
1. 布希（Bush, George W.（George Walker）,1946）傳記
2. 總統－美國－傳記
3. 美國－政府與政治－1945
752.2645　　92011425

請沿虛線剪下，對折裝訂後寄回

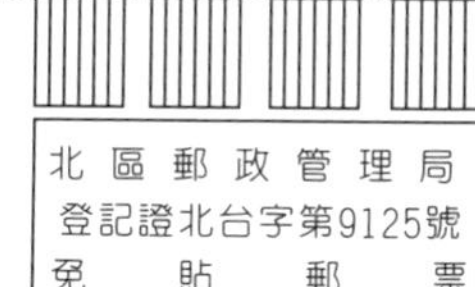

大都會文化事業有限公司
讀者服務部收

110 台北市基隆路一段432號4樓之9

寄回這張服務卡（免貼郵票）
您可以：
◎不定期收到最新出版訊息
◎參加各項回饋優惠活動

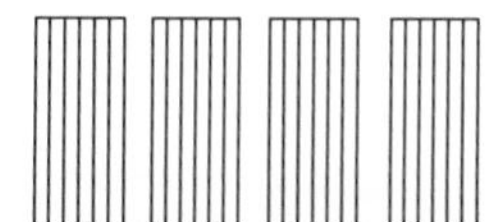

大都會文化 讀者服務卡

書號：98013 從石油田到白宮─小布希的崛起之路

謝謝您選擇了這本書！期待您的支持與建議，讓我們能有更多聯繫與互動的機會。日後您將可不定期收到本公司的新書資訊及特惠活動訊息。

A.您在何時購得本書：_____年_____月_____日

B.您在何處購得本書：__________書店(便利超商、量販店)，位於__________(市、縣)

C.您從哪裡得知本書的消息：1.□書店 2.□報章雜誌 3.□電台活動 4.□網路資訊 5.□書籤宣傳品等 6.□親友介紹 7.□書評 8.□其他__________

D.您購買本書的動機：（可複選）1.□對主題或內容感興趣 2.□工作需要 3.□生活需要 4.□自我進修 5.□內容為流行熱門話題 6.□其他__________

E.您最喜歡本書的（可複選）：1.□內容題材 2.□字體大小 3.□翻譯文筆 4.□封面 5.□編排方式 6.□其它

F. 您認為本書的封面：1.□非常出色 2.□普通 3.□毫不起眼 4.□其他__________

G.您認為本書的編排：1.□非常出色 2.□普通 3.□毫不起眼 4.□其他__________

H.您通常以哪些方式購書：(可複選)1.□逛書店 2.□書展 3.□劃撥郵購 4.□團體訂購 5.□網路購書 6.□其他__________

I. 您希望我們出版哪類書籍：（可複選）1.□旅遊 2.□流行文化3.□生活休閒 4.□美容保養 5.□散文小品 6.□科學新知 7.□藝術音樂 8.□致富理財 9.□工商企管 10.□科幻推理 11.□史哲類 12.□勵志傳記 13.□電影小說14.□語言學習(____語) 15.□幽默諧趣 16.□其他__________

J.您對本書(系)的建議：__________

K.您對本出版社的建議：__________

讀者小檔案

姓名：__________ 性別：□男 □女 生日：_____年_____月_____日

年齡：□20歲以下□21～30歲□31～40歲□41～50歲□51歲以上

職業：1.□學生 2.□軍公教 3.□大衆傳播 4.□ 服務業 5.□金融業 6.□製造業 7.□資訊業 8.□自由業 9.□家管 10.□退休 11.□其他__________

學歷：□ 國小或以下 □ 國中 □ 高中／高職 □ 大學／大專 □ 研究所以上

通訊地址 __________

電話：（H）__________（O）__________傳真：__________

行動電話：__________ E-Mail：__________